Hajime Yoneda

［写真上］106種類の野菜を使った料理『ミネラル』（P.287）。
［写真下］その進化形ともいうべき2017年現在の料理『地球』。

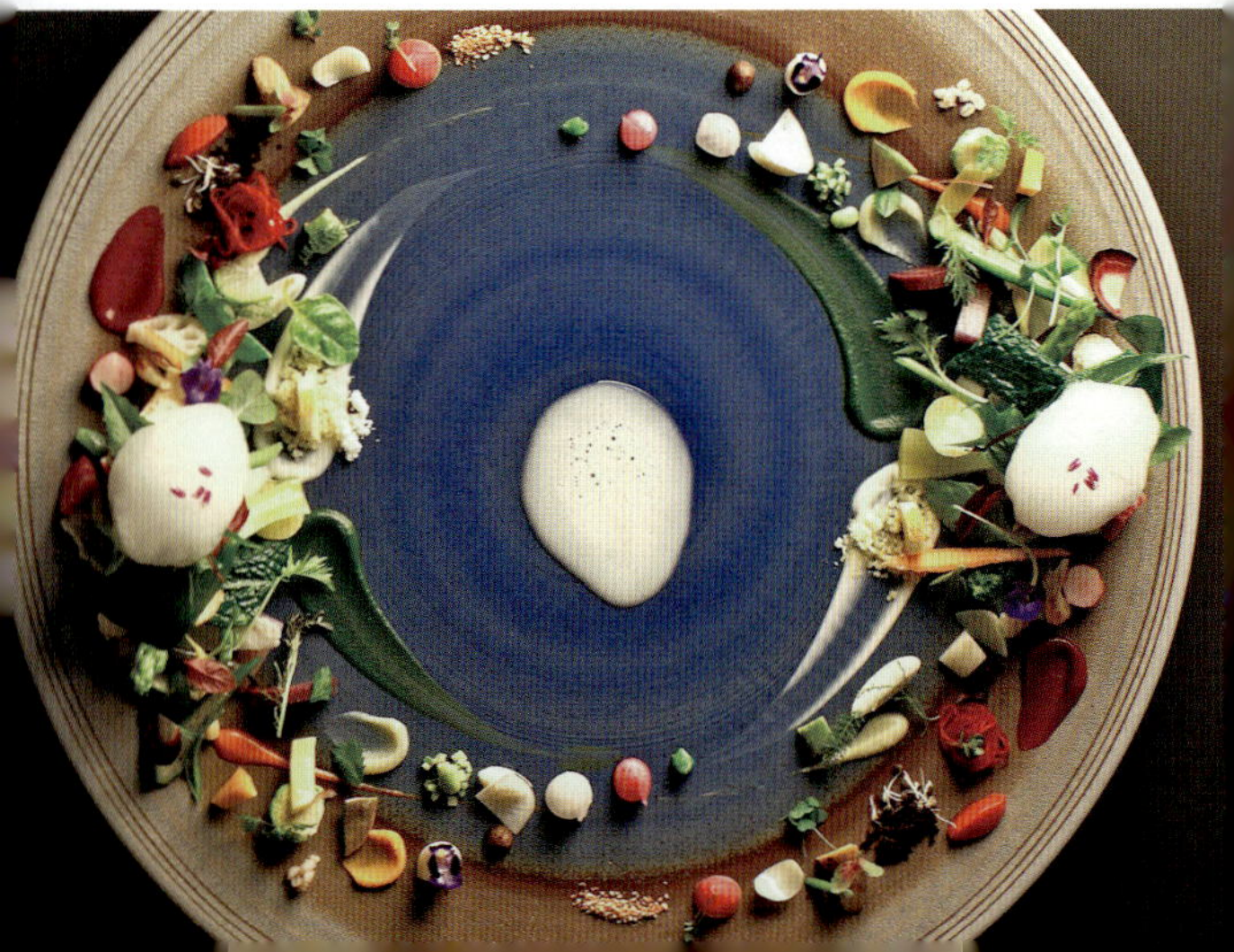

天才シェフの絶対温度

「HAJIME」米田肇の物語

石川拓治

幻冬舎文庫

天才シェフの
絶対温度

「HAJIME」米田肇の物語

米田宏氏に捧ぐ

「これで完璧だと思ったら、それはもう完璧ではない。

この世に完璧というものはない。

ただ完璧を追い求める姿勢だけがあるんだよ」

——２００６年11月ミシェル・ブラス　トーヤ　ジャポンの厨房で、ミシェル・ブラスが米田肇にかけた言葉

目次

第一章　できれば、ドアの取っ手の温度も調節したい。

そういう店が、この世界の片隅にはある。

と、思い出すたびに、僕は少し幸せな気分になる。

どんなレストランかと聞かれたら、まずそう答えることにしている。

さらに詳しい説明を求められたら、話は少しばかり長くなる。

この店の話をすることは、彼の話をすることだから。

彼の名を、米田肇《よねだはじめ》という。


彼のレストランは、大阪のオフィス街にある。

方向感覚に自信のない人は、正確な地図を持参した方がいいかもしれない。

わかりにくい場所にあるわけではない。

大阪市の中心を南北に貫く四つ橋筋から、ほんの十数メートル路地を入ったところ、地下鉄の駅から歩いて2分の距離だ。真新しいビルの1階で、一枚ガラスのエントランスは通りに面している。その右側には店の名『Hajime RESTAURANT GAS-

『TRONOMIQUE OSAKA JAPON』のプレート、左側には季節の草木を生けた大きな鉢がある。

すぐに見つけられるはずなのだけれど、これがどういうわけか目に入らない。告白すれば、僕は店の前を行ったり来たりして2度通り過ぎた。

すべてが控えめで、魔法のようにさりげなくそこにあるからだ。

漁船の集魚灯のごとく、刺激で客をかき集めることを考えて店作りをするのがむしろ普通になってしまった都会では、それゆえに目に入りにくい店ではある。

けれど、一度でもその存在に気づけば、もはや見紛うことはない。

なによりもまず、その店には人の思いがこもっているから。

初夏の伸び盛りの草木が、すべての葉や枝の先端の細胞にまで生気を満ちあふれさせているのと同じように、その店に関するありとあらゆるものに、こちらが切なくなるくらいに、行き届いた気持ちが込められている。控えめで、さりげなくて、にもかかわらず、谷間に咲く白いユリのように、自分たちがどういう店かをきちんと主張している。

『Hajime』は、そういうレストランだ。

「できれば、ドアの取っ手の温度も調節したいんです」

初めて会った日に、彼はそう言った。

「ドアの温度も、お客さんが料理から受ける印象に影響を与えると思うんです。店に入るときに触れたドアが冷たいか温かいかで、人の気持ちは微妙に変化します。その変化した気分で、最初の一皿を食べるわけですから」

そして真面目な顔で、今はまだ適温が解明されていないから、ドアノブの温度調節まではしていないと、つけ加えた。

相手が彼でなかったら、心の中で肩をすくめていたかもしれない。

料理の世界に限らず、それに類することを言う人を何人か知っている。実際にやったのを見たことがない。

けれど、僕はそのときすでに彼の料理の虜《とりこ》になっていた。

3杯目の食後のコーヒーで物理的な味や香りは洗い流されていたけれど、脳細胞は楽譜のリフレイン記号を書き込まれたみたいに、今さっき食べたばかりのあの鮮烈な味と香りと舌触りを繰り返し繰り返し再現していた。

記憶の皿の上に載っているのは、美しい仔羊のローストだ。

いや、見た目は明らかにそうなのだが、食べ終えた後では、はたしてそれを仔羊のローストと呼んでいいのかどうかさえも自信がなかった。焼いたには違いないが、どうすればそんな具合に焼けるのか見当がつかない。

肉の表面は、確かに焼かれている。それも、かなりしっかりと。

焦げ茶色の焼き目からは、煙に燻《いぶ》された香ばしい匂いが立ちのぼっている。そこだけ見たら、串刺しにした肉の塊を燃え上がる焚火か何かに突っ込んで炙《あぶ》り焼きにしたのかと思うところだ。

ところが、その焦げ茶色の焼き目は、表面から1・5ミリほどの厚さで断ち切られるように突然終わっている。そこから先は中心部まで生の仔羊肉の鮮やかな深紅色だ。

そういう外見上の特徴、つまり肉の表面が焼けているのに内側が鮮やかな生の色なのを見れば、これは低温調理法ではないかと想像するところだけれど、鋭利なナイフでその深紅の塊から一切れ肉を切り取って口に入れた瞬間に、わからなくなる。

もちろんその肉は、実際には生ではない。

色合いは鮮やかな生の仔羊肉だが、火がしっかりと通っている。

その火の通り具合が、なんと言えばいいか、信じられないくらい完璧なのだ。

僕はいまだかつて、そんな羊のローストを食べたことがない。

簡単に言えば、それは人生でいちばん美味しい羊だった。

単にいい具合に火が通っているというのではない。

最初の一口を食べながら、僕は（こんなことに正解があったのか）と思った。

こんなことに、というのは羊の肉をどう焼くかという問題だ。

羊は世界中で食べられている。

フランス人だけが羊を焼くわけではない。アラブ人だって、モンゴル人だって、中国人だって、北海道の人だって焼いた羊を好む。それぞれの地方にそれぞれ最高の羊の焼き方があって、おそらくはそれぞれ最高の羊焼きの名人がいる。どの焼き方が正解だなんて決めるのはナンセンスだし、そもそも決められるわけがない。

そんなことは改めて考えるまでもない。わざわざ常識というのもおかしいくらいの常識のはずだ。

ところが、その羊の肉の一切れを初めて噛みしめたとき、心に浮かんだのはそういう常識とは正反対の思いだった。

「数学の試験問題と同じように、羊の焼き方にはただ一つの解というものが存在して、この目の前の羊のローストこそが、その唯一無二の正解なのではないか？」

そのとき僕は、真面目にそう思った。

ある意味では、今も、そう思っている。

もっともそんなことを僕が言ったら、米田は言下に否定するだろう。

羊の焼き方に、ただ一つの正解なんてありはしない。

その証拠に、というのも変な話だが、その最初の体験からほぼ1年後に僕はふたたび彼の仔羊のローストを食べた。

2度目の羊は、最初の羊よりも美味しかったのだ。

経験というものは、基本的に最初の経験が最も鮮烈で記憶に残りやすい。同じ感動を経験したら、2回目の感動はいくらか色褪《いろあ》せる。そのハンデを乗り越えたのだから、2度目の羊は最初の羊をはっきりと凌駕《りょうが》していたのだ。


最初の羊を食べて、この焼き方が唯一無二の正解だと思ったのは、その一塊の肉の細胞に含まれている旨みのすべてが、完全に引き出されていると思えたからだ。

いかなる方法でそんなことを知ったのかと問われたら、直感でと答えるしかない。

とにかく、そうとしか思えないくらい美味しかった。

肉を噛みしめるごとに、口腔と言わず鼻腔と言わず、純粋な旨みと香りが爆発する。羊の肉だけが持つあの独特の美味しさが、湧き出す温泉の源のように口中にあふれる。

僕は残りの肉の量を目で測り、よく切れるナイフでいそいそと肉を切りながら、口中で爆発し続けているものの正体をつかまえようと、味覚の記憶を収めた引き出しを片っ端から引っぱり出す。けれど、記憶を底までさらっても、そこまで完全に羊の肉の美味しさのエッセンスを取り出した料理を思い出すことはできなかった。

わずかの差ではなく、圧倒的に他の羊料理を引き離していた。もちろん、それはあくまでも僕の主観だ。そして僕は、世界中の羊料理を知っているわけでもない。世界中に無数に存在する羊の焼き方の1パーセントも知らないだろう。それはわかっている。

それでも、僕の頭の中では、（これは世界一だ。これより美味しい羊のローストなんてあるわけがない）という確信が、肉の一嚙みごとに強くなっていった。そんなものが仮にあったとしても、その美味しさを僕の脳細胞は処理しきれないだろう。であるなら、それは僕にとって存在しないも同然なのだから、これを世界一と断定しても何の不都合もないはずだ。

その羊のローストのために特別に焼かれたパン（それは米田がフランス料理という得体の知れない化け物相手に悪戦苦闘していた時代から、彼の戦友だったパン職人が焼いたものだった）をちぎり、皿の上に残った肉汁と混じった付け合わせの干しぶどうのチャツネとクミンの香りのついたヨーグルトをすくって口に運び、うっとりとしながら、そう結論したのだ。

無表情を装ってはいたけれど、頬っぺたはゆるみっぱなしだったと思う。

にもかかわらず、である。2度目の羊の美味しさは、最初の、その僕の初体験の『Hajime』の羊を、完全に凌駕していたのだ。

「これが世界一の羊のローストだ」という僕の直感は、単なる勘違いだったのだろうか。羊の焼き方に唯一の正解なんて、もちろんありはしないのだ。だから正確に言うなら、こうなる。

彼の羊のローストは、羊の焼き方に唯一無二の正解があるのではないかと錯覚してしまうくらい美味しく焼かれていた。


最初の羊のローストを2度目の羊があっさり凌駕したというのは、ただ食べるだけの僕からそう見えたというだけの話で、彼からすれば、それはその一年間、1日の休みもなく料理のことを考え続けた悪戦苦闘の成果だった。

一年は365日で、一日は24時間だから、一年間は世界中の誰にとっても8760時間だ。その8760時間のすべてを、彼はそのことに使ったのだと僕は思っている。

眠っている間も、家族と過ごしている間も、彼の脳細胞の少なくとも何パーセントかは確実に料理について考えていたはずだ。息子の柔らかな頬をつついて笑わせているときでさえ、ふと心の片隅で「この柔らかさを肉料理で再現したら面白い食感になるんじゃないか」と考えているに決まってる。

そういう人間が、この世で最高の羊の焼き方なんてものがないことを誰よりも強く信じている。それゆえに、どんなに上手く仔羊を焼けようが、いつもそれ以上の方法を探し求めている。

逆説的だけれど、だからこそ僕は今も彼の羊は世界最高だと信じる。

文字で書いてしまうと簡単だが、それは生半可な努力で可能なことではない。フリークライマーが小さな岩の隙間に指先をかけ、絶壁を少しずつよじ登っていくような努力を、彼は日々続けているということだ。その血の滲《にじ》むような毎日の積み重ねの成果が、その2度目の羊なのだった。

そのとき、というのは僕がその2度目の羊を食べたときのことだけれど、彼は少なくとも5通りの方法を組み合わせて、仔羊に火を通していた。炭火、繊細な温度調節の可能なオーブン、赤外線調理器、使い込まれたフライパン、氷で冷やしたボウル……。

何種類もの方法を駆使するのは、一つの肉の塊のそれぞれの部分に最上の火入れをするためだ。肉の塊には筋もあれば、脂肪もある、同じ赤身でも場所によって微妙に脂肪の含有量も肉質も違う。

そういう細かな差異をすべて把握した上で、それぞれの部分に対して、彼の信じる最上の火入れをする。鴨肉のある部分に存在する1本の細い筋を切断するために、人間の眼球の毛細血管の切断用の極細の医療用鋏《ばさみ》を揃えておくような男なのだ。

仔羊の場合、その最上の火入れをするのに約3時間かかる。だから、逆算して客が予約した時間の2時間前には火入れを始める。6時半に予約した客の羊は、4時半には焼き始める。当時はランチタイムの営業もしていた。ランチの客へのサービスがすべて終わるのが3時半前後だから、他の準備も勘案すると、彼やスタッフの昼食時間は15分ほどしか残されていない。

そういう毎日の中で、その最上の肉の焼き方にさらに工夫を加え続けるのがどれほど大変かは、想像してみるまでもない。それでも、「時間に余裕ができたら、解剖学の勉強もしたい」と彼は言う。

「たとえば食べ物を噛んだときに、ガリッとかカリッとか音がしますよね。どういう口の開き方をしたときに、いちばんいい音がするのかを正確に知りたい。匂いや味だけでなく食べているときの音も、料理の一部です。嗅覚、味覚、聴覚、視覚、触覚。五感のすべてで、私たちは料理を味わっているわけで、そういう神経の働きが、食事の満足感とどう関係しているかを知っているかどうかで、料理はまったく違ってくると思うんです」

レオナルド・ダ・ヴィンチは馬の彫刻を作るために、何頭もの馬を解剖したという。米田も、考えていることは同じだろう。つまり彼が、「ドアの取っ手の温度まで調節したい」と言うのは、衒《てら》いでも何でもなく、どこまでも本気なのだ。

現段階ではドアノブの温度はまだ調節していないけれど、そのかわり彼は、客が使う肉用のナイフを一本一本すべて営業時間前に自分の手で丁寧に研ぎ上げる。どんなに忙しくても、スタッフには任せない。営業前の限られた時間で彼が思うレベルまでナイフを研げるのは、今のところまだ彼自身しかいないからだ。

その話を聞いたとき、僕は自分が食べた羊肉の断面を思い出した。あの美しい断面は、肉用のナイフが剃刀《かみそり》のようによく切れるからこそなのだ。鮨店でも割烹でも、きちんとした店の板前なら包丁を毎日研ぐ。包丁の切れ味は、刺身の美味しさに絶対的な影響を与えるからだ。それは、客が自分で皿の上の肉を切るときも同じはずだというのが、米田の発想だ。切れ味の鈍いナイフは肉の細胞を押し潰す。せっかく3時間もかけて丁寧に火を入れて、細胞の中に閉じ込めた旨みが損なわれてしまう。肉の切り身も、打ち立ての蕎麦のようにエッジが立っていなきゃいけない。であるなら、営業時間前にすべての肉用のナイフを研ぐのは、彼には当たり前のことなのだ。

そのナイフはフォークやスプーンとともに、完璧に等間隔にテーブルにセットされていた。さすがに並べるのはスタッフだけれど、1ミリのズレもなく揃っているのは、彼が作った特製のセッティング用定規を使っているからだ。そんなことに気づく客は100人に1人もいないだろう。

神経質で注意深い客なら、あるいはボトムに彫られたリーデルのロゴが正確に正面を向くように、すべてのテーブルのすべてのワイングラスが並べられていることには気づくかもしれないけれど。

「部屋の隅のひとつまみのホコリが、その部屋全体の空気感を作っているんだと思うんです。棚のいちばん上にホコリがたまっていても、誰も気がつかないかもしれない。だけど、そこを掃除するのとしないのとでは、はっきり何かが違うんですよね。床だけ掃除しておけばいいという問題ではない。リーデルのロゴなんて、グラスに目を近づけて探しても、なかなか見つからない。どこにあるのっていうくらい、上品にごく薄く彫られているものです。それを一つ一つお客さんの方に向けて並べる必要があるのか。だいたいお客さんが一度グラスを持ち上げて、ワインを一口飲んだだけで向きは変わってしまうのにね。短い昼ご飯の時間も削らなきゃいけないくらい忙しいのに、毎日そこまで徹底するのはしんどいです。でも、『自分たちがしんどい思いをするほどお客様は喜ぶんやから』って、スタッフには話しています。モノゴトのクオリティというものは、結局は最後の最後のギリギリのところで、どこまで頑張ったかで決まるんだよ、って」

一事が万事、彼の指先から生まれるものは、すべてがその調子だ。

フォアグラは『２００１年宇宙の旅』に出てきたモノリスのような、黒い石板の上に載っている。0・1度単位で温度を管理しながら火を入れたそのフォアグラの隣に、胡椒の粒が一直線に並んでいた。よく見ると、その6粒の胡椒は大きさが微妙に違う。一粒の胡椒が1／4、1／8、1／16のサイズに割られ、それぞれ2粒ずつ並んでいるのだ。手前の胡椒ほど小さいのは、まずは小さい粒から使えということなのだろう。

小さく切り分けたフォアグラに、1／16の胡椒を載せ、そっと口へと運ぶ。

その喜びを、何に喩えたらいいだろう。

口の中に広がったフォアグラの甘さの底で、胡椒の粒が砕け、仄《ほの》かな、けれど鋭い香りが立ち上がる。摂氏46・7度というピンポイントの完璧な温度で加熱された上質なフォアグラの、絹のように滑らかで玄妙な甘さの中に、胡椒の刺激がそっと忍び込み、入り混じり、融け合い、ダンスをしながら遠くへ去っていくカップルのように、だんだん小さくなってやがて消えていく。もしテーブルについているのが自分一人なら、その一部始終を目を閉じて楽しみたいところだ。

『Hajime』にはメニューがない。電話をして席を予約をしたら（近頃ではこれが途轍もなく難しい作業になってしまったが）、約束の時間にテーブルにつけばいい。

あとは、最初の一皿から最後のデザートまで、こちらの食べるタイミングに合わせ、考え抜かれた心躍る料理が運ばれてくるのを待つだけだ。

彼が創造した色と形と香りと音と匂いと歯触りと舌触りと味とが、僕の視覚と聴覚と嗅覚と味覚と触覚をどう刺激して、どんな感覚を引き起こし、何を連想させ、思い出させ、そしてそれがどう変化し、どんな余韻を残しながら、どう消えていくのか。

できることなら、本当にたった一人で心を鎮め、誰とも口を利かず、誰にも邪魔されずに、その一皿一皿を最初から最後まで、隅から隅まで、味わい尽くしたいと思う。

彼はその料理で、２００９年10月にミシュランの三つ星を獲得する。

『Hajime』のオープンは２００８年5月12日だから、彼がシェフとなって、わずか１年５ヶ月後のことだった。

１００年を超えるミシュランガイドの歴史でも、稀有な出来事と言っていい。

そのニュースが世界に発信されたとき、最も敏感に反応したのはフランスのシェフたちだった。

「ヨネダハジメとは何者だ？」

彼が三つ星を取ったというニュースが広まると、フランスでの修業経験のある日本のシェフのところに米田の経歴を問い合わせるメールが殺到したという話もある。

他の分野でもそうだけれど、フランス料理の業界にも独自の情報網のようなものがあって、三つ星を取るような料理人なら、日本人であっても普通はそれなりにフランスでも名前が知られているものだ。それはノーベル物理学賞を取る学者が、学会でまったく知られていないなんてことはあり得ないのと同じことだ。少なくとも、どこのレストランで働いていたかぐらいの情報はある。

ところが、このヨネダハジメという人物に関しては、手がかりが皆無だった。フランスのシェフたちは誰も（厳密に言えばゼロではなかったけれど）、彼を知らなかった。

三つ星までは最速だったが、料理人としての米田のスタートは遅い。普通に大学を卒業し、企業に就職し、2年間勤めて退職し、料理の学校に1年通い、大阪のフランス料理店に修業に入ったときには26歳になっていた。最初に入ったその厨房では、木偶《でく》の坊のように何もできなかった。怒鳴られ、殴られるだけに1年を費やして、憶えたのは皿洗いと厨房の掃除だけだった。

そういう人間が、一人前になるまでに10年はかかるというその世界で、10年後には一人前どころかミシュランの三つ星を取っていたのだ。

フランス料理と料理批評の関係についての優れた著作『フランス料理と批評の歴史』の中で、著者の八木尚子はこう記している。

「フランスでは毎年少なからぬ数の料理人がレジヨン・ドヌール勲章を受勲し、卓越した技能を有する職人の証であるＭＯＦ（フランス最優秀職人）の称号もあるが、料理人にたずねると、ミシュランガイドの三つ星こそ最高の栄誉であり、生涯の夢だという」

フランスに生まれフランスで育ったフランス人のシェフにとっても生涯の夢である三つ星を、なぜこの日本人は、こんなにもあっさりと手にしたのか。

第二章　彼には偉ぶったところがどこにもなかった。

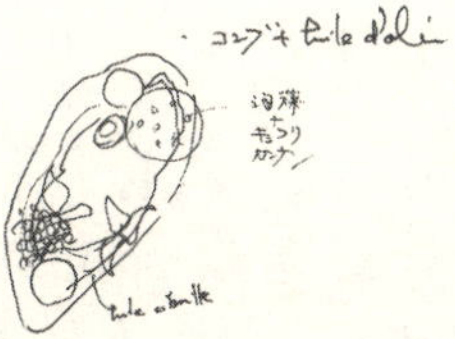

僕が初めて米田肇に出会ったのは、2010年5月のことだ。

その日僕は友人に誘われて、大阪のレストランに出かけた。店の前を行ったり来たり2回も素通りして、約束の時間にちょっと遅れて辿りついたのが、つまりその『Hajime』だったというわけだ。

あまり期待していなかったことをよく憶えている。ミシュランガイドの日本進出について、メディアを含めた世間の受け止め方に、なんとも言えない違和感を覚えていたからだ。

ミシュランの東京版は2007年11月20日に出版された。その前後の新聞や民放テレビ各局の番組はミシュランの話題でもちきりだった。

その報道自体をとやかく言うつもりはないけれど、日本の新聞やテレビ特有の横並び体質も手伝って、冷静に見ると異様なことになっていた。特にテレビは朝のワイドショーや夕方のニュースの時間ともなると、チャンネルを変えても変えても、どの店が星を取ったとかいう話ばかりだった。

ミシュランと言っても、フランス本国ならいざ知らず、日本においては巷《ちまた》にあまたあるガイドブックの一つではないか。その発売を、新聞やテレビがこれほど大々的に宣伝するとはいったいどういうことなのか。しかも、ミシュランの東京版は、鮨や懐石の料理店にまで星をつけていた。

つけた星の数は、日本料理の方が多かった。その年、ミシュランが三つ星をつけた8軒中、フランス料理店は3軒（うち2軒はフランス人シェフの店）で、他の5軒は日本料理の店だった。

いや、外国人が日本料理の評価をするのはおかしいとか許せないとか、そんな野暮を言うつもりはない。ある国の文化はその国の人間にしか理解できないなんてことになったら、現代の日本人のやっていることの大半は成り立たなくなってしまう。

理解できなかったのは、そのミシュランの二つ星だ三つ星だという評価を、新聞やテレビが、何の検証もなく受け入れたことだ。それは『世界一美味しいラーメン』という看板をかかげたラーメン店を道端で見つけて、「世界一美味しいラーメンを発見しました」と報じるのと変わらない行為だ。

フランスのガイドブックが日本の料理店に星をつけたのだ。日本のメディアとしては、評価が妥当かどうかの判断くらいはするべきだろう。それもせずに、ミシュランが星をつけた店を、オリンピックで金メダルでも取ったかのように賞賛する。自分たちの国の伝統的な料理を伝える料理店を、外国のメディアに外国の方法で採点されることについて、何の疑問も痛痒も感じていないらしい多くの日本のメディアに対して、僕はちょっとばかり憤慨していた。

考えてみればミシュランには何の恨みもないのだけれど、坊主憎けりゃ袈裟まで憎いで、ミシュランの星を取った料理店にまで、なんとなく反感を抱いていたのだ。

僕が店の前を2回も通り過ぎたのは、その反感ゆえだったかもしれない。無意識のうちに、もっと今の世の中に受けそうな、なんと言えばいいか、お洒落な店を探していた。

それだけに、谷間にひっそりと咲く白いユリを連想させる、清楚で凜とした店の佇まいが新鮮だった。ガラスのドアを開けると、スーツ姿の小柄な女性が心のこもった笑顔で迎えてくれた。入り口にレセプションと待ち合わせのできるスペースがあって、その奥にダイニングが広がっている。奥に長い長方形の空間で、落ち着いたベージュとダークブラウンの壁に、ダークグレーの床。内装はシンプルで、店の奥の大きな花瓶にたっぷりと生けられた花が見事に映えていた。テーブルは2人用、4人用と、丸テーブルを合わせて合計8つ。奥に個室が1つある。席数は26というところだろうか。適度な硬さの椅子に座ると、テーブルの上には一本筋の通った、気持ちのいい緊張が漲《みなぎ》っている。それがたとえば、最初に書いた、定規を使って揃えるテーブルセッティングがかもしだす空気であることには、そのときはまだ気づかなかったけれど。

大きなガイド皿の上に、淡いクリーム色の上質な紙が置かれていた。表にはその日のメニュー、裏面にはシェフのメッセージが記されていた。

何組かが、食事を始めていた。娘の就職かそれとも誕生日を祝っているらしい家族が4人、仕事仲間の3人連れ、緊張気味の若い男女が1組、もう1組のカップルは外国からの旅行者だろうか。彼らの様子で、そこがとても良い店だということはわかった。

誰もが、幸せそうな顔をしていた。ほんとうに美味しい料理は、人のテンションをわずかだが確実に上昇させる。その微かに上気した顔を見分けることにかけて、僕は誰にも負けない自信がある。

心の隅にわだかまっていた、〝三つ星レストラン〟に対するあのいわれのない反感が、熱いカボチャのポタージュをかけられたトリュフのアイスクリームのように、音も立てずに解け始めた。

そして2時間後には、そういう職業的な観察のことすら忘れ、すっかりその幸せな笑顔同盟の一員になっていた。一つだけ残念なことがあって、それはそのとき僕はまだ煙草を吸っていて、そろそろ血液中のニコチン濃度が低下してきたということだった。『Hajime』は全面禁煙だった。

僕は灰皿を借りて、店の外に出た。

春の終わりの気持ちのいい風にふかれて、アーモンドのムースとビワのコンポートが絡み合いながら喉を通り過ぎていく感触を思い出しながら、煙草の煙をくゆらせていると、店の裏手から白いコックコートを着た若者が現れた。何かの用事で通りかかったという感じだった。

軽く会釈したら、眩しそうな笑顔と挨拶が返ってきた。スー・シェフか、それともパティシエか。

いい店だなと思った。料理には心から感動させられたけれど、それだけでなく、その場に流れている空気までがなんだかとても心地よかった。自分の不明を認めないわけにはいかなかった。

『Hajime』は米田肇が、その2年前に独力でオープンしたレストランだった。それ以前は日本やフランスのフランス料理店で料理修業をしていて、シェフになったのはそのときが初めてらしい。

ちなみにシェフは英語で言えばチーフ、つまり一つの人間の集団の長のことだ。ちょっと大きめのフランス料理店になると、スー・シェフとかシェフ・ド・パルティとか、いろんな種類のシェフがいる。スー・シェフは副料理長、シェフ・ド・パルティは部門シェフ。肉料理担当とか、魚料理担当とか、フランス料理店の厨房は、仕事内容によっていくつかのチームに分かれる。それぞれの担当部門のリーダーがシェフ・ド・パルティだ。

けれど、何もつけずにただシェフと言えば、レストラン全体のボスである料理長を意味する。ボスでなくとも、料理人という意味でシェフという言葉を使うことがある。英語でもシェフは地位にかかわらずすべてのプロの料理人のことを意味するが、これは本来は誤用だ。ただ、料理人が一人で店を切り盛りしているような小さなレストランでは、その一人の料理人がすなわちボスだから彼をシェフと呼ぶのは間違いではない。そういうところから、誤用が広がったのだろう。

米田はそういう小さな店のシェフも務めたことがなかった。修業時代に、肉料理部門や魚料理部門のシェフ・ド・パルティを任されたことはあったけれど、レストラン全体のボスになったのは『Hajime』が初めてだった。しかも、彼はその店の経営者でもあった。店を経営するのもまったく初めての、新米経営者だ。スタッフも8割以上が新規採用で、経験者はほとんどいなかった。

それはとてもすごいことなのだろうけれど、そのとき僕が考えていたのは、そういうレストランを大阪のオフィス街に探し出し、三つ星を与えたフランス人のことだ。

オープン当初は、一組の客も入らない夜も珍しくなかったそうだ。

ミシュランが調査員を送り込んだのは、そういう時期だったはずだ。

開業間もない、何の実績も後ろ盾もない、『Hajime』のようなレストランに、乾坤一擲《けんこんいってき》の三つ星をすんなりと与えてしまうとは。なんと腹の太いフランス人たちだろう。腹が太いというか、自信過剰というか。その三つ星が、ミシュランにとって大勝負だったことは間違いない。満を持して刊行された第1号のミシュラン関西版で、三つ星をつけたフランス料理店は『Hajime』ただ一軒だったのだ。どんなに自信過剰でも、その三つ星の判断に、慎重にならないはずはない。

彼らが三つ星を与えた理由は明白だ。ミシュランガイドには、こんな但し書きがある。

「三つ星は、ミシュランの最高峰にあたり、まさに卓越した料理に贈られます。レストランのスタイルや国籍がどんなものであれ、星は料理そのものに与えられる評価です。すなわち、店の雰囲気、サービス、快適さは、星の評価基準には含まれていません」

この説明通りなのだろう。彼らは純粋に、米田の料理に三つ星を与えたのだ。そのことは、米田肇の料理を食べた後だけによくわかった。

これはなかなかできることではない。京都にも大阪にも、素晴らしいフランス料理店はある。優秀なシェフは何人もいるし、有名な店も少なくない。食通と言われる人たちの評判や人気、あるいは豪華さや格式で選ぶなら、三つ星にふさわしいフランス料理店は他にもあっただろう。けれど、ミシュランは新参の『Hajime』だけを三つ星に選んだ。すごいと思うのは、そのことだ。

評価ということについて、理屈を言えば、三つ星を取ったから『Hajime』が最上級の店になったわけではない。三つ星を取ろうが取るまいが、『Hajime』は、一人の人間がその人生の中でもめったに出会えないたぐいの稀有なレストランだ。

ミシュランはそういう、特大白トリュフのような『Hajime』を、日本という異国の混沌の中からきっちり探し出し、注意深く観察した後に三つ星をつけたのだ。日本の客たちが群がる前に。タダモノでないと僕は思う。100年続いたあのシステムには、やはり学ぶべきところがある。

実をいえば、新聞やテレビは諸手を挙げてミシュランガイドを受け入れたけれど、すべてのメディアがそうだったわけではない。2007年に東京版が出て話題になると、週刊誌や雑誌などの媒体の中には、こっぴどくミシュランの日本版を批判したところもあった。日本のレストラン事情に詳しい人ほど、ミシュランには手厳しかったかもしれない。

フランス人から学ぶべきは、そういうときの態度だ。彼らも、批判が気にならないはずはない。なにしろ異文化圏である日本で出版する初めてのミシュランガイドだ。批判的な意見ほど注意深く分析したに違いない。批判の中には、かなり本質を突いたものもあったのだ。

それでも彼らは軸をぶれさせずに、基本方針に忠実な地道な調査を続けた。

「本書も入念に改訂して、毎年発行する予定である。初版は完璧とは言えないが、年を追うごとに完成に近づいていくだろう」

ミシュランガイドの発案者であるアンドレ・ミシュランは1900年の創刊号にそう記した。最初から完璧なものができるなんて彼ら自身も思っていない。毎年改訂作業を続け、少しずつ完璧に近づけていくのが100年前の初版からの方針なのだ。今は不完全でも、改善を続ければいつかは限りなく完全に近づく。その原則に忠実に、そのかわり大胆な修正も恐れなかった。日本版に関しては、最初はフランス人ばかりだった調査員を、2年目にはほとんど日本人に入れ替えたという噂もあった。

もっとも、ミシュランはそういう調査の内幕を詳細には明らかにしていない。自分たちが正しいかどうかは、自分たちの店の選び方、星のつけ方で判断せよということなのだろう。

それが、100年の歴史の意地だ。

たとえば現在の日本の出版社に、そういうガイドブックが作れるだろうか。

素晴らしい料理の余韻を楽しみながら、エスプレッソのおかわりを飲み、まあ、そういうとりとめもないことを考えていたときに、テーブルの横にすっと人影が立った。

目を上げると、さっき店の外で会ったコックコートの若者がにこにこ笑っていた。

僕は勘違いをしていた。

その人が、米田肇だった。

三十代後半の彼を、若者と書くのは失礼かもしれない。

痩せてひょろりと背が高いのと、瞳の奥で時折瞬く悪戯《いたずら》っぽい光が、彼を実際より若く見せたのだろうか。それに、彼には偉ぶったところがどこにもなかった。誰に対しても礼儀正しく、よほど懇意になるまでは、その礼儀を崩さないタイプの、要するに折り目正しい人だった。

三つ星シェフなんだから、威張れとは言わないけれど、もう少し貫禄を見せてくれてもよさそうなものだが、その方面の押し出しというか、迫力は微塵も感じられない。三つ星シェフのオーラなんてどこからも出ていなかった。どちらかといえば控えめで、寡黙な職人タイプのシェフに見えた。

その第一印象は、半分は当たり半分は外れた。寡黙なという予想を、僕は5分後には取り下げた。控えめという部分も、変更の必要があった。

彼は雄弁な人だった。ドアの取っ手の温度の話から、料理店の経営が難しい理由、自分はそれをどう変えるかという話にいたるまで、話題は尽きなかった。感心するほど、自信に満ちあふれていた。

自信があって雄弁なら、控えめで寡黙は正反対ではないか。それでも、自分の第一印象がそれほど的外れでないことに気づいたのは、彼の話し方のゆえだ。話に夢中になると、彼の言葉は、ほんのわずか、おそらくは0・01秒くらいの単位で、ごく微妙に遅れるのだ。

何かに喩えるなら、彼は初夏の竹林で出会う目の醒めるほどに青い青竹だ。ただし、その青竹は中空ではなくて、言葉や想いがはちきれんばかりに詰まっている。パンパンに詰まりすぎて、外に出るのにつかえるくらいに。昼休みになって、校庭で遊ぶのが大好きな子供たちが、下駄箱で靴を履いて我先に飛び出していくのだけれど、先頭の子供は慌てすぎて、靴がちゃんと履けていなくて、前のめりに足を縺《もつ》れさせながら、それでも夢中で走っていく。ちょうどそんな具合に、彼の想いは言葉の奔流となって、彼の中からポロポロとこぼれ落ちるように、あふれ出した。

少年時代の彼の姿が、目の前に見える気がした。引っ込み思案で、寡黙だったはずの少年が。寡黙なのは、想いが少ないからではない。むしろ、その反対だ。

空のバケツを持った子供は歌いながら歩くけれど、水のたっぷり入ったバケツを持たされた子供は、水を一滴もこぼすまいと口を結んでうんうん唸りながら歩くだろう。彼には、そういう一途な子供のようなところがあった。

彼という人格の中心には、昔から変わらない寡黙な魂が宿っていて、そこからじっと世界を見ている。彼にとって料理はおそらく、その寡黙な魂の自己表現なのだろうと思った。

「ミシュランの三つ星を取るのは、エベレストの登頂に似ています。つまり適当に道を歩いていたら、エベレスト山頂に着いていたなんて絶対にあり得ない。私は三つ星を取ろうと決めて、三つ星を取りました。でも、ここが微妙なところなんだけど、私はそれに固執したわけではない。エベレストの山頂を目指したけれど、それは最終目標ではなかった。私にとってミシュランの三つ星を取ることは、スタートラインにつくことでしかなかった。私の料理を世界に発信するために、三つ星を取る必要があった。三つ星を取るのはもちろん簡単ではないです。頭がおかしくなるくらい苦しみもしたし、取れたときにはスタッフと手を取りあって泣きました。でも、それはゴールに着いた喜びではない。なんとかスタートラインにつけたという安堵感です。三つ星で喜んでいるわけにはいかない。私が作りたい料理は、ミシュランの三つ星よりもっと遥かに高いところにある」

　彼は自分の考えを誠心誠意心を込めて話す。こんな話を聞いたら相手が自分をどう思うか、というようなことは一切考えない。気を遣わないわけではない。ただ、真っ正直に自分の想いを話す。

　話し始めて1時間も経っていなかったし、まだ彼のことをよく知らなかったわけだから単なる印象でしかないけれど、彼が普通の人間でないことは明らかだった。

　モノゴトを自分の頭でしか考えない子供の匂いがした。

　モノゴトを自分の頭で考える子供は、そう多くはないけれど、よく探せばクラスに一人くらいはいる。問題に直面したときに、周囲を見回して答えを探すのではなく、自分の目で問題を見つめ、答えが出るまで自分の頭で根気よく考え続ける。常識にとらわれない、柔軟な発想の持ち主というような評価を受けるタイプの人だ。ただし、自分の頭で考えることにこだわらない。人の話もよく聞くし、話がもっともなら素直に従う。問題解決能力が高いから、そういう子供はどの分野に進んでもたいてい成功する。周囲の信頼も受けやすい。優れたリーダーの多くはこのタイプだ。

自分の頭でしか考えない子供は、もっと遥かに数が少ない。1000人に1人か、1万人に1人いるかいないか。数が少ないのはおそらく、それでは上手く生きられないからだ。常識にとらわれないなんてレベルではなく、彼らは常識という常識に背を向ける。他人が言うことはことごとく疑う。自分の頭で考えて納得したことしか信じない。自分で意味があると思うことしかやらない。

近頃は「空気が読めない」などという言葉でひとくくりにしてしまうが、アマノジャクとかヘソマガリとか、昔はもう少しきちんとした言葉で呼んだものだ。彼らの前に広がるのは、もちろん誰も歩いたことのない荒野だ。

どの方向へ進めばいいかを教えてくれる人は誰もいない。子供が進むには過酷な世界だ。いや、子供だからこそ、そういう世界でも前に進めるのかもしれないけれど。

それでも成長するにつれ、普通の子供はどこかで常識と折り合いをつける方法を学び、もっと楽な生き方を選ぶ。あるいは、折り合いをつけられずに、自分しか理解できない狭い世界に閉じこもる。ところが、ごく稀に、その荒野をそのまま渡り切ってしまう子供がいる。

米田肇は、そういう子供の匂いがした。

第三章　少年時代の夢は『いちりゅうの料理人』。

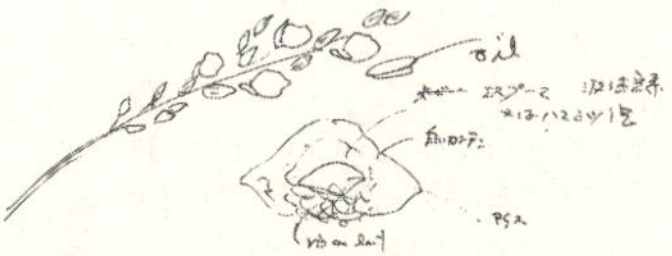

大阪万博から2年後の1972年10月3日、万博会場から西に直線距離で約15キロの大阪府枚方《ひらかた》市で米田肇は生まれた。日本がまだ高度経済成長を続けていて、その3ヶ月前に首相に就任した田中角栄の列島改造論が世間を賑わせ、地価が高騰し、古き良き時代から続いてきた伝統的暮らしと、日本人の原風景である里山の景色が、急速に失われつつあった時代のことだ。

枚方市も例外ではなかった。市政の始まった1947年には4万人だった人口が、肇の生まれる頃には25万人にまで膨れあがっていた。肇の生家の周辺も開発ラッシュで、家の横の砂利道をダンプカーやトラックが土煙を上げて走り、遠慮なく真っ黒な粉塵混じりの排気ガスをまき散らす。近所のガラス工場も24時間稼働で、煙突から一日中煙が上がっていた。

こんな環境ではとても子供は育てられないと、幼い肇を抱えて米田夫妻が引っ越した先が、同じ枚方市内の氷室台という、山を切り開いて造成したばかりの新興住宅地だった。裏山の向こうは京都府と奈良県の県境、枚方市でもかなり辺鄙《へんぴ》な場所で、住宅地とはいっても70年代当時はまだ肝心の住宅がほとんど建っていなかった。自然がいっぱい、というより、ほとんど山の中の住宅地だった。

道路は舗装されていないから、雨が降ればぬかるみになり、あちこちに水たまりができた。昔の子供なら、その小さな水たまり一つでも、一日中遊んでいられる。雨上がりのぬかるんだ道は、見渡す限り遊び場が続いているようなものだ。初夏になれば、ごく普通に蛍が飛んだし、小川にはメダカやオタマジャクシが泳いでいた。好きなだけ走り回れる野原もあったし、探検をしたり秘密基地を作ったりするのに最適な雑木林もあった。肇は別天地に引っ越したというわけだ。

ヨチヨチ歩きの頃から、夏になると虫取網をかついで毎日虫取りに出かけた。ある時期は、青草の匂う草原でバッタばかりを集めた。虫かご一杯にバッタを集め、喜び勇んで帰ってくる。部屋に閉じこもり、静かにしていると思ったら、夏の暑い最中に窓を閉め切って、ごそごそ何かやっている。母親が覗くと、バッタを横一列に並べ競争させて遊んでいた。

カブトムシに卵を産ませ、その卵を孵化させるのも得意だった。幼虫が大きく育つと、毎日土を掘り返し、小さな手の平に幼虫をのせてじっと眺めていた。

「そんなに触ってたら死ぬで」

母親が見かねて声をかけても、「うん」と返事をするのはそのときだけで、翌日はまた幼虫を掘り返しては飽きもせずに眺めていた。肇にとって、手の平の上でもぞもぞと蠢《うごめ》く、この白い芋虫ほど面白いものはなかった。それは確かに生きていた。白い薄い皮を通して、幼虫の命の気配が伝わってきた。こんなに柔らかな生き物が、あの黒くて硬いカブトムシになることが、不思議でたまらなかった。

いつも、何かしら生き物を捕まえては、一緒に遊んでいた。家の壁にしがみついたヤモリを捕まえて遊んでいたかと思うと、カラスとお喋りをしていることもあった。山の中だから、カラスもたくさんいたのだ。母親が見ていると、一匹のカラスがトコトコと歩く肇の後についていく。肇は、カラスから逃げようとしていた。時々振り向いては、カラスに喋りかけていた。

「もう嫌やから、あっちへ行ってよ」

肇は半泣きだった。それでも、何が面白いのかカラスは肇の後をついていく。肇が、何度振り返って、あっちに行くように頼んでも、カラスは離れようとしなかった。

そういう不思議なこともあったと、母親が話してくれた。

「なんでそんなに好きだったんでしょうね」

昔の話をするとき、肇は優しい目になる。

「今年の夏は、息子を連れて山へクワガタ捕りに行ったんです。私があんなに好きだったのに、息子は虫が怖くて触れもしないんですよ」

久しぶりに山の空気を吸って、昔を思い出したらしい。

「クワガタは朝、ものすごい早起きして捕りに行ってました。夏はほとんど毎日行きましたね。前の晩からもうドキドキしてるんです。明日はあの木のとこに、すごい大きいのがいるんじゃないかなあって、想像をかきたてて。もう朝になるのが待ちきれないくらいでした。毎朝行ってるのにね。あのワクワクする感じを、息子にもあじわわせてやりたいなあって思ったんです。ピンセットを持って行って、木の隙間に潜り込んだクワガタを引っ張り出す面白さとかね」

興味ある対象にどこまでものめり込むのは今も変わらぬ肇の習性みたいなもので、肇の部屋にはいつも何かしら虫がいたし、昆虫図鑑はボロボロだった。氷室台近辺に棲息する虫で肇の知らぬ虫はいないというので、小学校に上がる頃には昆虫博士と呼ばれていた。近所の子供が見知らぬ虫を捕まえると、肇のところに何という虫か教えてもらいに来るほどだった。

とはいえ、ヨチヨチ歩きの時代から虫取りのキャリアを持つ昆虫博士なら、子供たちのヒーローだったのかというと、そんなことはなかった。母親の記憶の中の肇は、たいてい一人で遊んでいた。

第二次ベビーブームのまっただ中の生まれだから、近所には同年代の子供もたくさんいたし、子供たちを束ねるガキ大将もいた。

子供は群れを作る生き物だ。放っておいても磁石のように引き合って、いつの間にか一緒に遊んでいるものだが、肇は自分からはその仲間に入ろうとしなかった。他の子供たちが集まって遊んでいても、少し離れた場所にポツンと一人でいた。気の利くガキ大将が「ハジメくん、一緒に遊ぼう」と呼んでくれれば、ちょこちょことついていくが、そうでもなければずっとそこで一人遊びをしている。子供のくせに、自分は一人でも何も問題はないという顔をしていた。

小学校の遠足で水族館に行っても、子供たちが群がる場所には決して近づこうとしなかった。たいてい誰もいない水槽の端の方にポツンと一人で佇んでいた。他の子供たちが群がっていたら、その先に何がいるんだろうと気になって覗くくらいの好奇心はあってほしいと母親は思うのだが、息子は「ここの方がよう見えるから」と言って、そこから動こうとしなかった。

幼稚園の頃から習っていた剣道の寒稽古では、練習が終わるとおやつが配られた。他の子供たちは押し合いへし合いして菓子に群がるのに、肇は道場の床に座ったまま動かない。他の友達に、「ハジメくん、早く来ないとお菓子みんななくなっちゃうよ」と言われて、ようやく立ち上がり、（僕は別に欲しくないけど）みたいな態度でお菓子を受け取るのが常だった。

人があっちへ行けば、こっちへ行く。人がやりたいことは、やりたくない。群れるのが嫌いで、人と同じことをするのが嫌いで、人に言われた通りのことをするのが、とにかく大嫌いな子供だった。そこまで人と同じことをしたがらないと、いくらなんでも損するのではないかというところでも、自分のやり方を通した。それは、今にいたるまでずっとそうだ。

彼がもう少し成長して、スパゲティとか軽い食事を自分で作って食べるようになっても、母親に作り方を聞こうとしなかった。人にモノを聞くのが嫌いなのだ。母親は料理の上手な人だったから、家にはたくさんの料理本もあったはずなのだが、そういうものさえ見ようとしなかった。

「人参に玉葱、ベーコンをみじん切りにして、炒めて、ブイヨンを入れて、湯がいたパスタを入れて食べるみたいなことをしてました。美味しくないです。とても不味いんだけど、誰かに聞いたり、本を見て作るくらいなら、不味いパスタ食べてる方がましだった。なんでなんでしょうね。誰かに聞いたり調べたりして、ちゃんとしたパスタを作りたいとは思わないんです。ルセット（レシピ）通りに作ろうという考えがない。自己流が好きなんです。それは、今もそうですね。勉強のために他の人が書いた料理の本を見ることはあっても、分量は見ない。パラパラと写真を見て、これにこの酸味のあるソースを合わせてるのか。何が入ってるんだろう。これとこれか。それくらい確認したら、今度は自分で作って、味見をしながら、酸味がもうちょっと欲しいなとか、塩を足してみようかという具合で、分量通りに作ることはないです。

今は経験値があるから、それで問題ないんです。イマジネーションで味や香りのプラスマイナスができるから。玉葱1個とトマト1キロにするのと、玉葱を2個にしてトマトを500グラムにしたときの味の違いを、頭の中で計算できる。昔はそうじゃなかったのに、やってることはずっと同じなんです。だから、料理作っても失敗作ばかり。でも、不味くていいんです。分量を見て作るなら、誰だってできるって思っちゃうんです。人がこうしろって言う通りに作って何が面白いんだろうって。子供の頃からずっとそんなことを考えていた気がします。考えてみたら不思議ですよね。まだ料理人でもなんでもなかったのにね」

人にモノを聞くのが嫌だというところまではわかるが、初めての料理を作るときでさえレシピも見ないとなるとかなり重症だ。筋金入りのアマノジャクと言っていい。

けれど、彼はその反面で途轍もなく素直でもある。アマノジャクなら、世の中を斜めとか、横とかから眺めていそうなものだが、たとえば道徳の授業で読んだ偉人伝を真剣に信じて、その偉人に心酔してしまうような子供だった。そういう部分は、無邪気と言ってもいいくらいに純粋だった。

彼が反骨心を剝き出しにするのは、自分の自由を奪う相手に対してだけだった。野生動物が首輪を本能的に嫌うように、自分を束縛するものを激しく拒絶した。

料理のレシピですら、こう作れと言われているようで気にくわないのだ。自分を型にはめようとする世間のありとあらゆるルールに、肇は抗《あらが》った。そういうものを、頭から信じていなかった。筋が通っていれば素直に従うけれど、理屈が通らなければ全力で反抗した。彼があっさり三つ星を取った秘密の一つは、まさにそこにあるのだけれど、その話はもう少し後にしよう。彼がどうして料理の道を志すことになったのか、その話がまだ終わっていない。

肇が小学5年生のときに書いた作文が残っている。

ぼくの、将来の夢

米田肇

ぼくは、将来、料理人に、なることが、夢です。料理人といっても、そこらへんでやっている、店でなく、いちりゅうの料理人になりたいです。料理人になるなら、やっぱり、フランス料理をつくりたいです。

そして、日本一の、おいしい、料理店を、つくりたいです。また、いろいろな、外国の料理を、つくれるようにしたいです。そして、作った料理を、おかあさんや、おとうさんに食べ、させて、あげたいです。

でも、こんなことを、考えていても、第3次世界大戦が、始まるかもしれない。そうして、戦争の映画の、「ザ・デー・アフター」もアメリカの人がつくっていて、水素ばくだんが、落ちても、目がやられたり、するだけで、車なんかも、ふっとんでいないからだめだと思う。

でも、そんなことがないようにねがって料理人になりたいです。そして、自分で、あたらしい料理などを考えて、がんばりたいです。

でも、いちりゅうの料理人になるためには、大学をでなければいけません。でも、最初は、ジャガイモとか、タマネギの皮、むきばかりです。でもそれをのりこえて、いちりゅうの料理人になりたいです。

読点が多すぎて読みにくいけれど、肇が書いたままにしてある。一字一句変えていない。一心不乱に原稿用紙に向かう彼の几帳面な息づかいが、聞こえる気がするからだ。何度読んでも、読み返すたび不思議な気持ちになる。

人生とは子供の頃に知っていたことを、実際に確認するための期間だというけれど、ほんとうにその通りなのかもしれない。丁寧に読めば、そこには彼の現在のすべてが書き込まれていることに気づく。現在のみならず、さらにこれから先の将来のことまで書かれているような気さえする。小学生の彼が、どうしてここまで正確に未来の自分を予見できたのだろう。

肇の家は第一メリヤス株式会社に勤務する父の米田宏と、母の和子、5歳年下の妹明希子の4人家族だ。料理人の家系に生まれたわけでもなければ、家族の誰かがフランスに特別な関係を持っていたわけでもない。なのになぜ彼は、こんなにはっきり自分の将来の夢を一流のフランス料理人と書けたのか。書いただけではなくて、彼はその夢をずっと心の中で温め続けたのだ。

きっかけとなった出来事は、彼自身もよく憶えている。小学校2年生のときに観たテレビ番組だ。

彼の家のテレビ鑑賞法は、他の家庭とは少し違っていた。まず第一に、食事中は厳禁で、チャンネル権は父親にあった。そこまでは、その時代の家庭ではさほど珍しくなかったが、もう一つ、父親は断固として大きなテレビを買わなかった。一人用のサイズのいちばん小さいテレビが一台あるだけだった。

その小さなテレビを家族4人で観るのが米田家のルールで、だからテレビを観るときには、みんなでテレビの前に集まって、一所懸命に観た。何かをしながら漫然とテレビを観るということを、父親は許さなかった。その日曜日の朝も、おそらく家族4人で紙芝居に見入る子供のように、熱心に番組を観ていたのだろう。海外で活躍する日本人を紹介する番組だった。

「その日特集されていたのが、クルマのデザインを勉強するためにイタリアに渡った日本人の話だったんです。なかなか本来のクルマの仕事には就けなくて、レストランで洗い場のアルバイトをしているうちに料理も手伝うようになって、だんだん料理が面白くなって。シェフに『料理の勉強をしたい』と言ったら、それならフランスに行けと言われて、フランスで料理の修業をする。そこでニューヨークのレストランにヘッドハンティングされて、ついにはアメリカ大統領にまで認められる料理人になって、今では庭にプールのある豪邸に住んでいて、美しいアメリカ人の奥さんがいて、みたいなサクセスストーリーだったんです。厨房で真っ白いコックコートを着て、皿にすーっとソースをひく姿が格好良くて。わぁ、これだって思ったのを憶えてます。私は小学2年生だったんだけど、あれからずっと料理人になりたいという想いが、いつも心の片隅にはありました」

父親の宏は外国出張が多かった。第一メリヤスが枚方市に新設した工場にヨーロッパ製の最新鋭の自動編み機を積極的に導入し、国内有数のニットメーカーへと成長しつつあった時期のことだ。2代目社長の小久保恵三の片腕として、宏はヨーロッパやアジアを飛び回って活躍をしていた。

外国旅行が多くの日本人にとってはまだ夢だった時代に、頻繁に海外に出かける父親は肇の誇りだった。出張から帰った父親から、外国の話を聞くのが大好きだった。自分もいつか父のように、外国に行けるようになりたいと思っていた。ただ、どうすれば外国に行けるのかがわからなかった。小学生の彼には、父親が外国でどんな仕事をしているのかをイメージするのは難しかった。「ジドウアミキのギジュツシドウで外国に行っている」と聞いても、肇の頭の中に浮かぶのは、大きな工場と、たくさんの複雑な機械、そこで働く人々という、ぼんやりしたイメージでしかなかった。

米田家の小さなテレビ受像器の画面に、そのシェフが現れたとき、凸レンズが太陽の光を一点に集めて紙を焦がすように、肇の脳の中でぼんやりとしていたイメージが焦点を結んだのだろう。シェフが着ていた白いコックコートが、肇少年が長い間理解できなかった外国で活躍するということの具体的なイメージになった。

フランス料理がどういうものかなんて、当時の肇には見当もつかなかったはずだ。そもそも、フランス料理なんて彼は一度も食べたことがなかった。1980年の枚方市には、肇の憶えている限りフランス料理店は存在しなかった。年に何回かの米田家の外食でいちばんハイカラなのが、枚方の商工会議所の建物に入っていた『ビフテキ』のスエヒロだった。テーブルにはテーブルクロスがかかっていて、銀色に輝くナイフとフォークが並んでいた。それだけで、肇は緊張したものだ。黒いベストに蝶ネクタイの給仕が銀の器に入れてスープを運んできて、それぞれの前のスープ皿にうやうやしくそそいでくれたのを今も憶えている。その店で食事をするときばかりは、肇も妹の明希子も、きちんとした服を着せられ、じっといい子で座っていた。王侯貴族の子供にでもなったような気分だった。それが肇の少年時代の最高の外食体験で、フランス料理なるものがその洋食店の延長線上にあるらしいことはなんとなくわかっても、それ以上は五里霧中、雲をつかむような話だった。

にもかかわらず肇が、『やっぱり、フランス料理をつくりたいです』と自信たっぷりに書けたのは、ある意味では時代の必然でもあった。

肇が少年期を過ごした1970年代から80年代半ばにかけての時代は、敗戦の荒廃から復興し高度経済成長期を経て短期間に世界有数の経済大国となった日本が、さらなる繁栄を目指して猛烈な勢いで走り続けていた時代だ。日本人の生活はこの時期を境に大きく変化する。両手で抱えても持ちきれないくらいたくさんのものを手に入れ、当然のことながら、その代償として多くのかけがえのないものを失ったのだった。

肇の家の周りの土の道も、いつの間にか舗装されていた。

雨が降ってもぬかるみになることはなかったけれど、それは長靴を履いて水たまりでじゃぶじゃぶ遊んだり、寒い朝水たまりに張った氷を割って遊ぶことができなくなったということでもある。バッタを捕まえた野原は閑静な住宅地となり、クワガタのいた山は削られて小さく縮んでいった。

もっとも、そういう目に見える変化は氷山のほんの一角で、さらに大きな変化が人々の気づかぬ場所で起きていた。肇がフランス料理に憧れたのも、巨視的に見ればこの変化の一部と言えなくもない。

日本はこの時代に、農業国から工業国へと大きく舵を切る。

それが当時の政権の政策だったということもあるけれど、政策だけで一つの国の進路を決められるなら誰も苦労はしないわけで、それなら独裁国家はすべて超先進国になっている。敗戦直後の日本の農業人口は１２００万人、全人口は７２００万人だから立派な農業国だった。それが２０１２年には農業人口が２６０万人にまで減少し、農業従事者の平均年齢は65歳を超えた。

農業国から工業国への変貌は、日本人全体の選択だったのだ。その結果として日本の食料自給率は低下し、農作物の輸入量は増加の一途を辿る。高度経済成長の始まった１９５５年の穀物自給率は重量ベースで88パーセントだった。それが肇がフランス料理に憧れるようになった80年には33パーセントにまで落ち込み、農産物の輸入額は６倍以上に増えた。ちなみに農作物の輸入額から輸出額を差し引いた額を純輸入額というが、現在の日本はその額が４兆円を超えている。２位の中国を引き離し、圧倒的世界一だ。農作物は自分たちで作るよりも、外国から買うという道を我々日本人は選んだのだ。

その結果、食べ物は自然からの恵みではなく、お金を出して買うものになった。

それがどうした、当たり前だろうという人もいるに違いないが、この時代に起きた様々な変化の中で、これほど深刻な意味を持つ変化はなかったと僕は思っている。波に砂浜が侵食されるように、農業人口は減少し続け、日本の国土が食物を生産する力は衰退した。そして、まさにその時期に皮肉なことが起きた。日本人の食への関心が、むしろ高くなったのだ。

様々な食材が海外から輸入されるようになって、町の青果店やスーパーマーケットに並ぶ食材のバリエーションが圧倒的に増えたということもある。さらには円高の影響で、その多様な食材を安価に輸入できるようになったことも大きな要因の一つだろう。そして70年代には外食産業が急成長を遂げる。70年代の初頭からファストフードやファミリーレストランのチェーン店が全国に展開し、家族で外食をすることが普通になっていった。さらに70年代の半ばを過ぎると、その後を追うようにコンビニエンスストアがネットワークを急速に拡大し、24時間いつでも食べ物が手に入る時代が到来する。日本の食が豊かになったというわけだ。

ほんとうの意味で豊かになったかどうかは意見の分かれるところだけれど、まさにその理由で、食への関心を持った人たちもいる。つまり、自分たちの命を支える食が、一見するとカラフルでバラエティ豊かになったけれど、現実にはその根底の部分がきわめて脆弱《ぜいじゃく》で、薄っぺらになりつつあることを危惧した人たちがいた。

70年代に入って食をテーマとしたテレビ番組が次々に作られるようになったのも、そういういくつもの事情が絡み合い、ネガティブな意味でもポジティブな意味でも、日本人の食に対する関心が高まっていたという下敷きがあったからだ。

子供は新しい玩具を貰ったときと、その玩具を誰かに奪われそうになったとき、激しくその玩具に執着する。人の命をつなぐ食べ物を、玩具と比較するのは不穏当かもしれないが、人の心が動くメカニズムは同じはずだ。豊かになった日本に世界中から御馳走が集まるようになり、その一方で日本の食料事情の先行きに漠然とした不安が広がり始めたのがまさにこの時期だった。1971年には高島忠夫夫妻がホスト役の『ごちそうさま』、74年にはカナダ放送協会が制作したグラハム・カーの『世界の料理ショー』、77年には柳生博がホストを務めた『すばらしい味の世界』の放送が始まる。どの番組も好調な視聴率で名物番組となっていくのだが、特に影響力が大きかったのが、1975年に芳村真理と西川きよしの司会で始まった『料理天国』だった。日曜日の夕方という時間帯にもかかわらず、平均視聴率20パーセントを長期間にわたって維持した。

92年の秋まで続いたこの番組で、一度も食べたことがないのに、キャビアやフォアグラやトリュフが〝いかに美味しいか〟を知った日本人は少なくない。米田家の人々も、日曜日の夕方6時半になると全員でテレビの前に集合して、毎週欠かさずこの番組を観ていたそうだ。

多くの日本人にとって、初めて体験するフランス料理は皿の上でなく、テレビの画面に映っていた。

フランス料理はまず知識として、口と鼻ではなく目と耳を通して頭に入ってきたのだった。イメージを先に輸入したと言ってもいい。匂いや味は想像するしかなかった。テレビで観たフランス料理を、普通の人が普通に味わえるようになるには、ちょっとばかりタイムラグがあった。肇が本格的なフランス料理を経験するのも、もう少し先のことだ。

テレビの全盛期らしいエピソードだが、実を言えば、このパターンの異文化の受容はむしろ日本人の得意とするところでもあった。遣隋使や遣唐使の時代から、我々の父祖たちはそうやって外国の文化を吸収してきた。内田樹が『日本辺境論』で指摘したように、日本人は何を学べるかもよくわからないのに、学ぶことを決断できる稀有な民族なのだ。

最近は日本の大学でも、学期の初めに各講義のシラバスが配られ、学生はそれを読んでどの講義を受講するか選択するようになった。あらかじめどんなことが学べるのかを詳しく知ってから、それを学ぶかどうかを決める権利が学生にはあるという欧米的な考え方に基づく制度だ。

　けれど、日本の伝統的な教育システムは、また別な考え方をしてきた。正反対と言ってもいい。それがいわゆる師弟関係で、弟子が師匠に、入門したら自分は何が学べるかなどとたずねたりすることはない。そんな態度では大切なことなど何も学べはしないと昔の日本人は考えていた。ひたすら頭を下げ入門の許しを乞うのが弟子の道で、しかもいったん入門したら完全な服従が要求された。何を学べるかわからないのに、学ぶことを決断するのは、我々のある種の伝統なのだ。

　もっとも、まったくわからないわけではない。幕末の少年だって、千葉周作の玄武館にするか斎藤弥九郎の練兵館にするかで迷うことはあったかもしれない。北辰一刀流と神道無念流のどちらが強いかを議論することもあっただろう。自分がその師匠に弟子入りすれば、どんなことが学べるかということについての漠然としたイメージは、もちろんあったに違いない。

　人間が頭の中に描くイメージというものは、対象がよく見え難いほど漠然としていたり、曖昧模糊《あいまいもこ》としていればいるほど理想化され憧れが強くなるという不思議な傾向がある。そういう強い憧れがあったからこそ、弟子になって師匠に絶対服従するという決断ができたのだろう。

だから、人はまだ見ぬ遠い国に憧れる。世界の中心から遠く隔てられた極東の島国で何千年も暮らしてきた日本人は、見知らぬ遠い国への特別に強い憧れを持つというわけだ。日本人とフランス料理の関係もそう考えるとよく理解できる。

1970年代は日本におけるフランス料理の本格的な夜明けといってもいい時代で、後に日本のフランス料理界のスターとなるシェフたちの多くが修業のためにフランスに渡っている。海外渡行が自由化されてまだ10年も経っていない時代の話だ。外国旅行をするとなれば、会社の同僚から一族郎党にいたるまで大挙して空港に見送りに行くのが普通だった。旅行だけでも大変なのに、異国に住んで修業するとなれば、かなりの決意と覚悟が必要だったに違いない。

しかも日本を離れるとき、本場フランスのフランス料理がいかなるものかを、よく知っている人はほとんどいなかったはずだ。フランス語だって、まともに喋れない人がほとんどだった。そこに行けば何が手に入るかなんてわからないし、その後の保証もなかった。遣唐使船で荒れた海を渡った人たちのように、それでも彼らは行った。格好良くいえば、彼らの胸には憧れと夢だけがあった。

ただそれだけで、フランス料理という未知の世界に飛び込んだのだ。

そしてパイオニアとしての言葉に尽くせぬ労苦の果てに、空海が遣唐使船で真言密教を持ち帰ったのと同じように、本物のフランス料理のレシピと技術を日本に持ち帰り、時代のヒーローとなる。

そういう料理人たちの姿が、肇をフランス料理の世界へと導いたのだ。


遠い昔、大阪の住吉には港があった。遣唐使船は住吉津と呼ばれたその古代の港から遥かな異国へと出帆していった。住吉津で遣唐使船を見送った子供がいたかどうかはわからない。

いや、間違いなくいたはずだ。遣唐使船は一隻に１００人を乗せる当時としては巨大船で、原則として4隻の船団で唐の国を目指した。しかも派遣されるのはせいぜい20年に一度。そんな大見物を当時の人たちが見逃すわけはない。住吉津だけでなく、遣唐使船の航路となった瀬戸内海沿岸の人々はお祭り騒ぎで船を見送ったに違いない。

空海の幼名は佐伯眞魚《さえきのまお》、生まれは讃岐の屏風浦だ。記録によれば彼が5歳の頃、その屏風浦の沖の海を遣唐使船が通っている。空海が遣唐使船に乗って唐へ渡ったのは、その25年後のことだ。30歳の空海が留学僧として唐へ渡るまでの前半生については、あまりよく知られていない。何歳で出家したかということについてさえ、いくつか説があるくらいだ。

僕は空海のその25年間は、唐へ渡るという夢を実現するためにあったのではないかと空想する。仏教を知る前から、彼はただ唐という異国へ行ってみたかったのではなかったか。彼が5歳のときに西へ下った遣唐使船は、2年後に唐から帰り東へと上っていった。彼がその目で実際に遣唐使船を見たかどうかは別として、その噂は船の通る津々浦々を賑わしたに違いない。その時代の讃岐の郡司の家の子に生まれた彼が、遣唐使船に憧れたという空想は荒唐無稽ではない。日本にはそういう子供が無数にいたはずだ。子供たちはそうやって船を見送り、いつか自分もその船に乗ろうと決意した。空海のように後世に名を残すことはなかったが、日本という国の基礎はそういう無名の空海でできている。

漢字も、法律も、国家体制も、仏教も、歴史も、文学も、土木や治水の技術も、すべて生身の人間が海を渡って運んだ。唐の皇帝は遠い日本からの使節にたくさんの宝物を下したが、日本人はそれを長安の都で売り払い、その金で大量の書物を購入して持ち帰ったという話が中国には残っている。遣唐使船の多くは難破したり、漂流したり、あるいは海賊に襲われたりして、無事に目的地に辿り着ける確率の方が低かった。辿り着けたとしても、無事に帰国できるかどうかわからなかった。阿倍仲麻呂のように、異国の地で生涯を終えた者も少なくなかった。

それでも彼らは海を渡った。その勇気の源は、子供の頃の憧れだったのではないか。

肇もつまり、そういう子供たちの一人だった。彼が見たのが、西の果てを目指す巨大な遣唐使船の船団ではなく、ニューヨークに住む白いコックコートを着たフランス料理のシェフだったという違いはあったにしても。

20世紀になって、電波という不思議なものが遠距離間の情報伝達にかかる時間を事実上ゼロにした。文字も、映像も、音声も、あらゆる情報が瞬時に海の向こうから送られてくる。生身の人間が海を渡って運ぶ必要はなくなった。

ただ、なにもかもがそうなったというわけではなくて、たとえば料理の技術というようなものは、昔と同じように生身の人間が海を越えて行き来しなければ、本当の意味では伝えられない。

だからこそ肇は、アメリカで活躍するその料理人に強く憧れたのかもしれない。わざわざ外国まで行かなければ手に入らないものなど、現代ではそうたくさんは残っていないのだ。

ちなみに肇がフランスへと旅立ったのは、奇しくも空海と同じ30歳の秋のことだった。

実を言えば、前に載せた肇の作文には、教師の手で添削の赤字がほどこされていた。

その赤字は載せていないのだけれど、一ヶ所だけ興味深い赤字がある。

『料理人といっても、そこらへんでやっている、店でなく、いちりゅうの料理人になりたいです』

という最初の行の部分に教師は赤字を入れ、こう添削していた。

『料理人といっても、そこらへんでやっている店でなく、一流店で働く料理人になりたいです』

この赤字が興味深いのは、そこにこの時代の普通の大人の意識が読めるからだ。

『いちりゅうの料理人』を、『一流店で働く料理人』にしたのは、その前の『そこらへんでやっている店でなく』を正しく受けるためだろう。確かにその方が文意も読み取りやすくなるけれど、この赤字が、この作文でいちばん大切な言葉を消してしまうことに教師は気づいていない。

いちばん大切な言葉とは、もちろん肇の将来の夢である。

『いちりゅうの料理人』だ。

肇が『いちりゅうの料理人』と書いているとき、脳裏にはあのニューヨークの白いコックコートの料理人の姿がはっきり映っていたはずだ。それが、彼の夢だった。この短い作文の中で、彼は3回も『いちりゅうの料理人』という言葉を使っている。

いちりゅうという言葉をひらがなで書いたのは、彼がこの言葉を耳から憶えたからだろう。教師がそれを一流と直したのは、一も流も肇が習ったはずの漢字だったからだ。

これは調べがつかなかったので断定はできないが、〝一流の料理人〟という微妙に耳慣れない言葉が広く一般的に使われるようになったのは、ちょうどこの前後の時代からだったような記憶がある。

肇もその言葉をテレビで聞いて憶えたのではなかろうか。この時期のテレビには、たくさんの一流の料理人が登場していた。人に教えを乞うのが嫌いな彼もこのときばかりは、いちりゅうとはどういう意味かを父か母に訊《たず》ねたかもしれない。肇の耳には、いちりゅうという言葉がキラキラと輝く宝石か何かのように響いたのだろう。あの時代の一流の料理人という言葉の響きの中には、ただ料理の腕があるだけでなく、プール付きの家に高価なクルマが象徴しているような、成功者という意味合いも含まれていた。肇がどこまで認識していたか定かではないが、そういう一流の料理人の多くは、料理を作るだけでなく店も自分で経営するオーナーシェフだった。それが、肇が憧れた成功者としての料理人の姿だった。

けれど、赤字を入れたその教師の常識では、料理人は誰かに使われる身だった。だから一流なのは人ではなく店で、そういう『一流店で働く』料理人になるのが、肇の将来の夢だと勘違いしてしまったのだろう。このことは、料理人のイメージが、この時代を境に大きく変わりつつあったということを意味している。料理人がヒーローになる時代がやって来たのだ。

注意深い読者なら、僕のここまでの推論には、重要な説明が欠けていることに気づいているかもしれない。異国の文化に憧れるのは日本人の習性だとしても、日本が食料の輸入国になって、日本人が食への関心を高めるようになったとしても、なぜそれがフランス料理だったかの説明がまだなされていない。肇が憧れるのは、イタリア料理でも、中国料理でもよかったはずだ。

それは偶然なのだろうか。違う、と僕は思う。1980年代の日本の少年が外国の料理に興味を持つとしたら、それはどうしてもフランス料理でなければならなかった。

それは、日本に辻静雄がいたからだ。

辻が日本に初めてフランス料理をもたらしたとは言わない。明治維新期には日本にフランス料理が入ってきていた。すでにヨーロッパに渡ってフランス料理の修業をしていた日本人はいたし、来日してフランス料理を伝えたヨーロッパ人もいる。彼らは鎖国が解けたばかりの日本で西洋人の舌を魅了し、鹿鳴館時代の晩餐会を盛り上げ、ミシュランガイドが無料配布だった時代のカフェ・ドゥ・パリや、エスコフィエがまだ運営に携わっていた時期のホテル・リッツで修業し、あるいは日本人がヨーロッパに渡って料理修業をする手助けをして、日本にフランス料理という異国の食文化を根付かせるのに貢献した。ルイ・ベギュー、渡辺鎌吉、鈴本敏雄、秋山徳蔵、石渡文治郎、サリー・ワイル、小野正吉、馬場久、志度藤雄、浅野和夫、木沢武男、村上信夫……。

挙げるべき名前はまだあるが、とにかくこういう先人たちがいなければ、辻静雄がフランス料理の世界に分け入ることもなかったはずだ。けれど、辻静雄ほど広く、深く、そして様々な角度からフランス料理を探求し、しかもその成果を世の中に気前よく広めた日本人はいない。

現在の日本の大都市には手軽な店から高級な店まで、様々なレベルで質の高いフランス料理を楽しめる店がある。地方にだって弘前や庄内のようにフランス料理で有名になった土地もある。辻が大阪の阿倍野に辻調理師学校を設立し、自らもフランス料理の研究を始めるのは1960年代初頭のことだが、その時代にはとても考えられなかったことだ。肇がフランス料理の料理人になりたいと作文を書いた80年代の前半も、事情はそれほど大きく違わなかった。

日本のフランス料理は、この20〜30年間で恐ろしく進歩したのだ。

それは辻静雄一人の功績ではない。現代日本のフランス料理のレベルの高さを、積み木を重ねた山で表現するなら、彼もその積み木の1ピースに過ぎない。ただ、その1ピースの積み木は圧倒的な熱を帯びていて、周囲の積み木を感化してしまう力を持っていた。その熱が周囲に伝染して、日本国内に潜在していたフランス料理という特異な文化に対する興味に火をつけたのだ。辻静雄以前にも、日本にはフランス料理があった。ただし、それは限られたごく一部の人たちのものであり、また日本とフランスを隔てる1万キロという膨大な距離にひどく薄められたものだった。昔の望遠鏡で遠くの星を覗いているようなもので、はっきり言えばぼんやりしていて魅力的な料理はあまりなかった。

当時の日本の料理人たちの名誉のために補足すれば、何よりもまず材料が手に入らなかった。銀座にマキシム・ド・パリが開業するのは1966年のことだが、初代総料理長の浅野和夫は、当時の日本では基本的なフランス料理の食材も調達が難しく、フレッシュなフォアグラも生のトリュフも、アンディーブもエシャロットもなかったから、缶詰や瓶詰のものがあれば使い、それもなければ他の食材で代用したと後に述懐している。リーファーコンテナも存在していない時代の日本では、ブレスの鶏もブルターニュの仔羊も幻の食材だったのだ。

それに何より、当時の日本人はフランス料理を詳しく知らなかった。知らないものを頼むことはできない。多くの日本人にとっては、日本でも作れる、日本人の好みに合わせた料理で充分だったのだ。

三代目 春風亭柳好《しゅんぷうていりゅうこう》の落語『青菜』の枕に、こんなくだりがある。男が友人に「何が食べたい」とたずねる。友人が「洋食が食べたい」と答え、なんでだと理由を聞かれて、「なんでもいいから、フォークの先につっかけて喰ってみてえ」。そこで客はドッと笑うという寸法なのだが、これはある時代までの日本人の洋食に対する気分を的確に表現している。何を食べるかということより、ナイフとフォークで食事をするということの方が重要だった時代があったのだ。

辻静雄は辞書を片手にフランス料理の事典『ラルース・ガストロノミック』を読み、フランス料理の知識を蓄積していったが、そこに書かれたものの多くは日本には存在していなかった。フランス料理を作っている料理人ですら、知らないものばかりだった。

辻もまた、なんだかよくわからない遠い異国のものに魅せられた一人だった。日本のフランス料理に失望した辻静雄は、本物のフランス料理を知るために、一大決心をしてフランスに渡る。1963年、彼もちょうど30歳だった。そのときは、本物のフランス料理は食べていなかったわけだ。

この最初の渡仏で辻はフランス料理に魅了される。

そしてリヨンの南にある三つ星レストラン『ピラミッド』のマダム・ポワンを水先案内人として、フランス料理の豊饒で迷宮のように奥深い世界に分け入っていく。そこからの動きは速かった。フランス料理界の三大巨匠といわれたアレクサンドル・デュメーヌ、アンドレ・ピック（もう一人はフェルナン・ポワン、この人はマダム・ポワンの夫でこのときすでに故人だった）との知遇を得て、さらに三つ星を取る前のポール・ボキューズと終生の友となり、翌年にはその後長く日本のフランス料理の教科書として使われることになる、彼の最初の著書『フランス料理　理論と実際』を出版する。その間にも足繁く渡欧し、フランス中に点在する評判の良いレストランを片っ端から食べ歩いた。ミシュランの星を得た店に関しては、三つ星はもちろん二つ星のレストランも一軒残らず食べて回った。一つ星の店は、さすがに膨大なのですべてというわけにはいかないが、それでも69年の時点で60軒の一つ星レストランを制覇していた。1ヶ月間ほとんど毎日一日2食、ランチとディナーを別の街の別のレストランで食べるというような生活を送っていた時期もあるらしい。ランチでも食事を終えるのに3時間はかかるから、街から街への移動時間以外はずっとレストランのテーブルについて食べていたようなものだ。

フランスだけでなく、ヨーロッパ全土のレストランにも足を運んだ。彼が生涯にどれだけ西洋料理を食べたことか、想像するだけでも気が遠くなる。

その一方で、彼はフランス料理そのものの研究も続けた。特にフランス料理の歴史の分野では、世界的な蒐集家《しゅうしゅうか》として名を知られるようになるくらいの書籍や文献を蒐集して、研究の成果を翻訳書や著作として次々に出版した。辻は言うなれば、あまりに遠くて、よく見えなかった本物のフランス料理をその手でつかんで引き寄せて、日本人の目の前にずらりと並べてみせた人だった。そして、日本人とフランス料理を隔てた1万キロの壁を壊し、日本のフランス料理界を変えただけでなく、フランス本国のフランス料理にも少なからぬ影響を与えた。

たとえばエリゼ宮での晩餐会で、ポール・ボキューズがジスカール・デスタン大統領に捧げた特別料理は、熱いトリュフのスープを満たした器にパイ生地をかぶせて焼いたものだった。焼き上がったパイ生地は椀ものの蓋のようにふっくら盛り上がっていて、そのパイの蓋をナイフで崩すと、トリュフの香りが鼻先に立ちのぼるという趣向だった。椀もののようにというのは喩えではなく、このパイの蓋は、ポール・ボキューズが京都の料亭で出会った本物の椀ものからインスピレーションを得て作った料理だ。ボキューズを懐石料理に引き合わせたのも、辻静雄だった。

ボキューズだけでなく、その後も辻の招きで来日した数多くのフランスの最上のシェフたちが、日本料理という世界的に見ればきわめてユニークな料理と出会った。そして懐石の八寸のようにごく少量の御馳走をいくつも合わせるスタイルや、季節感を生かした細やかな料理の盛りつけなど、日本の料理の影響を受けたフランス料理が次々に考案されるようになった。日本人が作ったわけではない。ジョエル・ロブションをはじめとするフランス料理の巨匠たちが、日本料理からインスピレーションを受けて新しい料理を作るようになったのだ。

最近のフランスでの流行りは日本の調味料だ。醬油や味噌はもちろんのこと、鰹出汁や昆布出汁を使う店もある。日本人受けを狙った特殊な店などではなく、それこそミシュランで星を取るようなしっかりしたレストランだ。しかもそれはパリのような大都会だけでなく、地方のレストランでもごく当たり前に使うようになっている。

それはすなわち、フランス料理がいわゆる伝統料理ではなく、今も生きて変化し続けている料理だということでもあるが、それにしても、フランスにこれだけ日本の料理が浸透したのは、やはり辻静雄の一つの功績だと思う。日本料理がフランス料理に影響を与えたことそれ自体は、特別に誇るべきことでも何でもない。二つの異文化が接触すれば、多かれ少なかれ影響を与え合うものだから。

浮世絵は印象派に影響を与えたし、日本人は100年も前からフランス料理を作ってはいた。けれど、辻のやったのはそれ以上だった。少なくとも料理の分野では、単なる知り合いくらいでしかなかった日本とフランスが、彼のおかげで互いの家を訪ね合う友人になったのだ。二つの異文化を出会わせた功労者としての辻静雄の存在は記憶にとどめておきたい。一人の人間の熱がフランスと日本の2度目の出会いをもたらしたのだ。彼は『Japanese Cooking: A Simple Art』という英語の本も書いている。英語圏で15万部以上も売れたこの本は、現在も日本料理への最善の入門書と言われている。

辻静雄という門を通って、フランスだけでなく世界が日本料理と出会ったのだ。

そして辻静雄がフランス料理にそそいだ熱は、一部の層にとどまらず、日本の社会全体に広がっていった。おそらく、それが彼のいちばんの功績だった。『料理天国』の放送が始まったのは、1975年のことだ。日本人の多くが、フォアグラやトリュフやキャビアの〝美味しさ〟を知ったテレビ番組で、米田家の人々も、毎週観ていたということは前に書いた。番組が始まったのは肇が3歳の頃だから、最初は意味がわからなかったはずだ。ある程度成長してからも、この番組は子供の肇には難しかったらしく、日曜日の6時半になると両親がチャンネルをこの番組に変えるのを恨めしく思っていたそうだ。その時間帯は、子供の観たいアニメをよく放送していたのだ。それでも米田家の鉄のルールでチャンネル権は父親にあったから、肇は仕方なく難しくて意味がよく理解できないこの料理番組を毎週観ていた。どんな内容だったかよく憶えていないと米田は言うけれど、例の作文を読んでいると、肇少年は案外あの番組をちゃんと観ていたような気もする。

『でも、最初は、ジャガイモとか、タマネギの皮、むきばかりです』

料理人になるという夢を彼は忘れずに、心の中で温め続けたのだろう。テレビに料理人が出てくれば、じっとその姿を見つめていたに違いない。そして子供なりに、料理人になるには何をしなければならないかを考えたのだろう。

一見華やかに見えるフレンチシェフにも下積みの修業時代があるというような、今では誰でも知っている業界の裏話が世に広まったのも『料理天国』が放送されていた頃からだった。

フランス料理の源流は宮廷料理であって、主役はあくまでも料理を食べる客だ。料理人は裏方でしかない。それが本来のフランス料理の姿だったのだが、そうである間はあまり日本人の関心を引かなかった。それが辻静雄以前の、日本のフランス料理界の姿だった。

『料理天国』がヒットした理由は、実はもう一つあって、その秘密はあの番組が食べる人よりも料理を作る料理人にスポットライトを当てたというところにある。フランス料理を作るシェフが主人公になったのだ。肇がそうだったように、多くの日本人はそこに反応した。それが日本でいわゆるグルメブームが起きたもう一つの理由だった。日本人は働く人が好きなのだ。

鮨店で鮨を喰うにしても、職人が魚をさばく手際や、あの美しいネタ箱からネタを取り出して握る様子が見られなかったら、食べる喜びは半減するだろう。関西で鮨があまり流行らなかったのは、板場と客席が分かれていて、鮨を作るところを見せなかったからなのではないかと僕はひそかに思っている。フランス料理にしても、実は同じことだったのではないか。

その昔のフランス料理は、大皿に盛った料理をテーブルまで運んで、客の目の前で肉を切り分けたり、ソースをかけて仕上げるスタイルだったらしいけれど、最後の仕上げをするのはメートル・ドテルつまり給仕の役目だった。伝統的フランス料理は、厨房を見せたりはしないのだ。

『料理天国』は言うなれば、辻静雄がポール・ボキューズを招いてやったように、その厨房を一般公開して見せる番組だった。厨房そのものをショーにした。そこがいちばんのポイントだった。豪華な料理を食べる王様よりも、その豪華な料理を作る職人に共感するのが日本人なのだ。それはおそらく、我々のＤＮＡの中に眠っている何かだ。我らの国では、天皇陛下も田植えをする。手仕事を尊ぶ国なのだ。辻静雄にしても、フランス料理に没頭したのは、結局のところは、そのフランス料理を作る料理人に惚れ込んだのだと思う。だからこそ『料理天国』は、ああいうスタイルになったのだろう。この番組を監修したのは、もちろん辻静雄その人だった。

フランス料理という壮麗な建築物のような美しい異文化と出会った感動が、辻静雄の半生の原動力だったことは間違いない。その感動の中心にあったのは、料理人という人間への愛着だった。そして太陽の光が地球に届き、多様な植物を生長させるように、彼の感動が様々に形を変え、世の中に伝わっていった。米田家の人々を、テレビの前に釘付けにしたのも、つまり元を辿れば辻静雄がフランス料理から受けた衝撃であり、感動だったともいえる。

米田肇はまだ辻静雄を知らなかった。辻静雄が米田肇を知る日は、実は永遠に来ることはない。けれど、そういう意味では、二人はどこかでつながっていたのだ。

辻静雄が切り崩した壁を越えて、肇が歩き始めるのはまだもう少し先のことだけれど。

第四章　すべてを自分の仕事と思えるか?

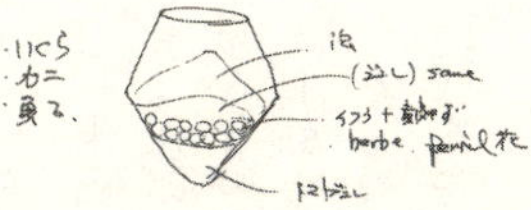

喧嘩になるのは、米田という名字が発音しにくかったからだと本人は言う。自己紹介のいちばん頭「米田肇です」の「よ」で、噛んでしまう。教室のあちこちでクスクス笑いが起きる。肇は下を向く。

水に落ちた犬は叩かれる。そういうことがあると、クラスにはかならず、そこを面白半分で突っついてくるやつがいた。

小学校低学年では米をよねと読むのは難しい。肇の名字は、絶好のからかいの種だった。

「コメダ、コメダ、コメダ！」

そう囃《はや》すだけでいい。

「コメダじゃない」

肇が怒れば思う壺だ。

「じゃあ、なんて言うんだよ」

「…………」

そこで後ろに引かないのが肇だった。負けん気だけは誰にも負けない。言葉に詰まると、いきなり手が出る、足が出る。持っていた傘で殴り合いになって、頭から血を流しながら、家に帰ったことも何度かあった。

そういうときの、彼の母親の態度が素晴らしかった。

知らないふりをしたのだ。

息子に軽い吃音《きつおん》があることは和子も気づいていたし、そのせいですぐに喧嘩してしまうらしいことも知っていた。そんなつまらないイジメに負けるような子にだけはなってほしくなかったけれど、喧嘩して帰ってくるということは、息子は息子なりに頑張っているのだろう。それなら、相手に怪我させるようなことでもない限り、自分は口出しすまい。

そんなことより自分の役割は、この子を人を頼らずに自分の力で生きていけるように育てることだ。和子はそう心に決めていた。

だから何をするにしても、一人でやらせた。それは妹の明希子も同じだった。

学習塾に行かせることになったときも、近所の友達が通っている塾は避け、わざわざ知っている友達が誰もいない遠くの塾に行かせたくらいだ。勉強を教えた記憶も一切ない。宿題のここがわからないから教えてと頼まれても、自分で考えなさいと言ってきた。

それで宿題が提出できなくて先生に叱られても、成績が下がっても、それが成長の糧《かて》になると信じたからだ。

僕は彼女の話を聞きながら、幕末の武家の妻たちの物語を思い出した。あの時代なら和子の教育は少しも極端ではない。子供に生きる力をつけること。厳しい時代を生きていた母親たちは、まずなによりもそのことを考えたものだった。肇の少年時代の話をしていたとき、僕が何気なく「お母さんは肇さんたちが、他の子供と同じになるのが嫌だったんですね」と聞いたときのことだ。

「そうなんです。だから肇も明希子も人が持っているのと同じものを、自分もこれが欲しいとは絶対言わないと思います」

そう答えたときの、和子の顔が誇らし気だったのが印象に残っている。なんでも横並びで、みんなが持っているものが欲しくて仕方がないというのが大勢の今の日本で、そういうふうに子供を育てるのは大変だったのだろう。肇が我が道を行くのは、母譲りなのだった。この母親がいてくれたおかげで、少年時代の肇はそういう状況に置かれた男の子が、その時期しなければならないことに心おきなく取り組めた。

つまり、喧嘩に明け暮れた。

「小学校から中学校までの通信簿には、毎回『喧嘩をしないように』って書かれてました。特に中学校時代は学校が荒れていて、朝登校したら校舎のガラスが全部割られていたりとか、授業中なのに廊下をばーっと走り回ってる子がいたりとか、校庭を単車で走ってる子もいました。『ビー・バップ・ハイスクール』の全盛期ですから。ほんとに漫画みたいな世界だった。ボンタンを穿《は》いたりとかしてツッぱってる子がけっこうたくさんいたんです。でも、私はそういう仲間に入るのも、そういう格好をするのも好きじゃなかった。スーパーマンが好きなんです。クラーク・ケントみたいに普段は普通で真面目で、いざとなるとめっぽう強いというのに憧れてました。でも、喧嘩は好きでした。売られた喧嘩は全部買って、たいてい倒してました。学校からの帰り道に他の学校の子が待ってて、知らん顔して通り過ぎようとしたら、『どこ行くねん』って言われて、よその学校の子とまでやらなあかんのか、めんどうだなあとか思いながら喧嘩したこともありましたけど」

吃音は成長するにつれて、少しずつ消えていったが、そのとき以来の緊張癖はなかなか直らなかった。

なにしろ苦手なのが、国語や英語の授業の定番、順番に教科書を読まされるというあれだった。小学1年生の1学期から高校3年生の3学期まで、12年間にわたって延々と悩まされ続けた。

「はい、○○さん、次の段落まで読んでください」

自分の順番が近づくと、教師の声がぐわんぐわんと耳の奥で鳴るような気がした。心臓はバクバク音を立てて、パニックがやってくる。順番が来る前に、トイレに逃げ出したことが何回もあった。

「本当に人前で話すのが苦手でした。喧嘩をよくしてたのも、自分の感情を言葉で説明できなくて喧嘩になってしまうということもあったと思います。でも、話すのは苦手だけど、話すのが嫌いだったわけじゃないんです。人前で喋りたい気持ちは、逆にすごく強かったかもしれない。本当の自分は喋りたいんだけど、怖くて喋れない。自分の気持ちと行動にギャップがあったんです。大人になってからも、その名残《なごり》はありました。電話で話すのが嫌いだから、携帯電話もかなり長いこと持ってなかった。テレビ番組の取材を受けるようになって、マイクを向けられるとあがるじゃないですか。そういうときにも、昔みたいに『お前は大丈夫だ、大丈夫だ』って、必死になって自分に言い聞かせている自分がいるわけです。人前で喋るときは手の平に『人』って書いて飲み込むといいよって、昔教えてもらったこと思い出して、自分の順番が回って来る前に、こっそりやってみたりして。なんだ、ぜんぜん効かないじゃん。あんなの嘘だって思ったり。それがどういうわけか、今はなんともないんですよね。テレビの取材も平気になったし、人前でもまったくあがらずに喋れるようになった。自分でもいつの間に、どうやって克服したのかわからない。『お兄ちゃん、昔そんな喋らんかったのに』って、妹にも言われるくらいです。まあ図太くなっただけなのかもしれないけど。でもほんとうにひどかったんですよ、子供の頃は」

克服したのではなく、彼は気づいたのだと思う。克服しなければならないことなど、どこにもありはしないことに。彼と世界を隔てていた壁は、他の誰でもない彼自身がつくりあげた幻想の壁だった。

彼は長い時間をかけて、その幻想の壁をコツコツと壊していった。料理という言葉に頼らない表現手段が、壁に穴をあける強力な槌の役目を果たしたであろうことは想像に難くない。小さな亀裂が大きな割れ目となり、割れ目はやがて広がって壁は崩れていった。毎日顔を見ている家族がいちばん子供の成長に気づかないように、彼はその壁が限りなく低くなり、すでに跡形もないことに気づいていない。だから、「どうやって克服したのかわからない」のだろう。

壁の最後のひとかけらを崩したのは、おそらくミシュランの三つ星だった。世界が彼を認めたその日、少年時代から彼を閉じ込めていた高い壁は崩れ去ったのだ。

けれど、その日が来るまで、肇は壁に立ち向かわなければならなかった。

喧嘩は、中学2年のときにぴたりとやめた。

教室で遊んでいて、肇が雑巾を投げた。その雑巾がクラスメートに当たった。クラスメートは当然投げ返してきた。それが肇の顔に当たった。それで肇が腹を立てて殴りかかった。大喧嘩になった。自分は軽く投げたのに、相手は本気で投げ返したとか、顔に当たったとか、たぶんそんなところだろう。いつもの他愛もない喧嘩だったが相手を間違えた。中学生にして身長が180センチを超えるバスケ部の猛者《もさ》だった。いきなり頭を殴られて、目の上がぼこんと腫れた。周りが慌てて止めに入ったが、肇がそれではおさまらなかった。

「やらせろっ！」

友達の手を振り払って立ち向かった。まったく歯が立たなかった。吉伸ばした腕で頭を押さえられると、どれだけ腕を振り回してもパンチが届かない。吉本のコントみたいな状態で、好きなように殴られた。一方的な負けだ。どんなに頑張っても絶対勝てない相手がいることを悟って、まるで憑き物が落ちたように喧嘩への興味が失せた。肇が喧嘩に興味を失うと、喧嘩を売ってくる相手もめっきり減った。

高校時代の3年間は、数学の問題を解いていたことしか憶えていない。友達ともロクに遊ばず、家に帰って自分の部屋にこもって数学の問題ばかり解いていた。

「学校でやる数学って、答えを導く方法がかならずあるじゃないですか。そこがまず面白かった。数学の授業中は先生が説明をする前に問題を全部解いてました。先生が解き方を解説しているのを聞いて『うんうん、おうてるおうてる』って自分の解き方で間違ってないことを確認しながら、次の問題を解いて待ってるわけです。ゲームをするのと一緒でした。難しくなればなるほど、ゲームって面白いじゃないですか。だから、どんどんのめり込んでいく。人にあれしろ、これしろって言われたら絶対にやらなかったと思うけど、自分でやるのは好きなんです。家に帰ってからも、5時半から因数分解、6時半から何々とか自分で決めてずーっと問題解いてました。そのうちに問題を見ただけで、だいたいの答えが見えるようになった。xyzの方程式を見ると、頭の中にx軸y軸z軸のイメージがぐわーっと浮かんできて、これは$2\sqrt{5}+1/2$くらいかなって、計算する前に答えが見えるくらいできてました。そうやって数学の問題を解いていくうちに、京大の数学にぶつかったんです。問題は2行くらいしか文章がなくて、その下に試験用紙1枚分くらいの空白があって、そこが解答欄になってる。証明問題なら、証明にいたるまでの道筋をそこにずっと書いていかなきゃいけないわけじゃないですか。京大の問題の面白いのは、ずーっと難しい公式とか使って解いていった後に、小学校で習うような算数の解き方を使わなきゃ解けない部分があったりするんです。最後にそのひねりを持ってくるのが奥深いなあって、感心したもんです。国語とか他の課目も勉強しないと、こういう問題は解けないと思ったのをよく憶えてます。結局、国語はできるようにはなりませんでしたけどね。数学しかできなくて、他の課目はまったくできなかった。国語と英語は特にできなかったんだけど、それが逆に自分のプライドになってたみたいなところもありました。数学しかできないのが逆に格好良いという、すごいバカみたいなプライドなんですけど」

暗記科目がとにかくできなかったと肇は言う。記憶力が悪かったということではないだろう。なにしろ、隣近所でも有名な昆虫博士なのだ。虫のことなら、些細なことでも実によく憶えていた。

彼が苦手としたのは理屈に合わないことだった。国語の問題で『この作者はこのときどう思ったか答えなさい』なんて言われると、腹が立った。その人間が本当に何を思ったかなんて、文章を読んだだけでわかるわけがない。文章なんていくらでも嘘が書ける、というのが肇の理屈だった。教師からすれば屁理屈だろうが、本人は真剣にそう思っていた。真面目な男だから、必要とあれば国語の勉強もしたはずだ。けれど、一所懸命やればやるほど混乱した。前の章に引用した作文の読点の打ち方を見ても、彼の苦労がよくわかる。彼は読点を打つ法則を探している。法則はまったくないわけではないが、肇のようなタイプの子供を納得させられるような法則などありはしないのだ。

僕は、あなたを愛してる。僕はあなたを、愛してる。僕はあなたを愛してる。

どれが正解とは言えない。国語の試験問題には、これに類するような問題が少なからずある。肇のような子供はそこで躓《つまず》いてしまう。正解を出すには、作者の気持ちではなく、問題を作成した教師の考えを読まなきゃいけないなんてことは、融通の利かない肇のような子供にはわからない。

これは教わる側ではなく、教える側に問題がある。理系的な頭の構造を持った子には、理系的な国語の教え方があるはずだ。誰もが作家や評論家になるわけではないのだ。作者の気持ちなんて曖昧なものを書かせるよりも、パソコンのマニュアルをもっとわかりやすい文章に直させるとか、そういう授業がもしあの時代にあったら肇の国語の成績だってきっとすくすく伸びていたはずだ。

子供の思考のタイプに合わせて教育はするべきだと思うのだが、それはさておき。

そういうわけで、肇は理屈ですべてが割り切れる数学に没頭した。ある日、彼のところに数学の教師が書類を持ってやってきた。予備校主催の京大入試模擬試験の成績表だった。

「米田、おまえこの模試受けたことあるか？」

肇が頷くと、教師の目がひとまわり大きくなった。

「じゃあ、やっぱりこれは米田やったんやな。米田肇。数学で1位になってるで」

このときはさすがに肇も驚いたらしいが、教師はそれから九州大学の数学科に行くことを勧めるようになった。その教師の尊敬する数学科の教授がいたらしい。

「数学者になるべきや」

熱心に勧めてくれたし、数学も面白そうだと思ったが、結局は断った。九州は遠いというのが理由だった。

こういうときの肇の態度はだいたい素っ気ない。

肇には、周囲の人間を放ってはおけない気持ちにさせる何かがあるらしく、中学時代にも教師から美術系の高校に進学するように勧められたことがあった。

数学だけではなく、美術の才能にも恵まれていた。絵など習ったことはないが、教師も驚くような絵を描いた。中学時代は教師の依頼で遠足のしおりとか、クラスの文集とかの表紙の絵はいつも肇が描いていた。けれど、そのときも「あまり興味がない」という理由で断っている。

数学の次はゴルフだった。父親の真似をして練習を始めたら、これもどんどん上達した。打ちっ放しの練習場に行くと、周りに大人たちが集まってくるようになった。肇が打つと、ボールは小気味よく上昇して260ヤード先にあるネットを軽々と直撃した。

楽しくて、夢中で練習した。高校時代の終わりの短い期間だったが、本気でプロゴルファーを目指そうかと思ったこともある。けれどいつもの癖で、練習しすぎた。疲労骨折をして、しばらく練習を休んだときに、なんとなく熱が冷めてしまった。今思い返せば、そこまで好きではなかったのかもしれない。

そして、大学で出会ったのが格闘技だった。

高校時代の友人に誘われて、大阪天満の空手の正道会館総本部に入門した。友達は2ヶ月で来なくなったが、肇は徹底的にのめり込んだ。数学以外の学科はできない方が格好良いなんて、ヘソマガリなことを言っていたしっぺ返しをもろにくらって、一浪して入った近畿大学の理工学部電子工学科の授業はそっちのけになった。

「大学は午前中にちょっとだけ行って友達の顔を見て、学食でご飯を食べて、友達と今晩どこへ飲みに行くか決めたら道場へ直行して、昼の12時くらいから夜の8時までぶっ通しで稽古をして、道場の先輩にご飯をおごっていただいて、夜の9時か10時に友達と待ち合わせて遊びに行く。そういう生活でした。自分のカラダの使い方がわかってきて、練習がどんどん楽しくなったのと、道場というところが、私の子供の頃の理想の世界に近かったんです。中学生の頃、喧嘩ばかりしていたのは、強いやつが偉そうにしてるのに腹が立ったんです。だから、あんなやつノシてやれって思ってた。普通にしてたらいいのにって思ってた。道場では強い人ほど謙虚になっていく。道着を脱げば普通のサラリーマンで、ぜんぜん強い人だなんてわからない。強い人ほどわからなくなるんです。こういうことがありました。ある格闘技の団体のヘビー級チャンピオンが、今度K‐1に出場するというので、道場に来てました。若い日本人なんだけど、身長が185センチくらいあって筋骨隆々のすごいカラダだった。そこに、中山猛夫師範が来たんです。私が道場に座ってたら、スーツにネクタイ姿でふらっと入ってきた。あの頃40歳前後くらいかな。お腹がちょっと出てて、どこから見てもただのサラリーマン。その人が準備運動もしないで、そのままネクタイ外して、グローブをつけながら『ちょっと彼とやらせて』と指さしたのが、その筋骨隆々のヘビー級チャンピオンだったんです。スパーリングをさせてほしいということなんだけど、K‐1担当のコーチが慌ててチャンピオンのところに走っていって事情を説明して、『普通のサラリーマンじゃないからね。手を抜いたら倒されるからね』って。それで試合が始まったんだけど、中山師範はほとんど構えもしないで普通に立ってるんです。チャンピオンもどうしていいかわからないわけです。おじさんやし、殺してしまったらあかんし。軽くジャブを出したら、中山師範にパンと弾かれて。『そんなんやったら、あかん』。それで、パン、パンと打ったら、『あかん、あかん』って全部かわされた。それでコーチがすっと入って、そのチャンピオンに『このままではあかんから、もう倒してしまってもいいから。K-1の試合だと思って本気でやらな試合に出られへんで』って言ったんです。『わかりました』って、チャンピオンが本気になった。そしたら中山師範からボンってオーラが出て、ぐっと腰を落として、パンチをすっとかわして、左足でパーンと上段を蹴ったんです。次の瞬間には後ろを振り返って、私に『グローブ外して』って言ってました。チャンピオンは床に倒れてました。蹴りを受けたチャンピオンの腕が折れてました。みんなで慌てて病院へ連れて行ったんだけど、中山師範は息一つ切らしてなかった。

　そういう世界を目《ま》の当たりにして、引き込まれていきました。空手は奥が深い武術なんです。そのレベルになるとすべてが緻密な計算の上に成り立っている。筋肉の使い方から重心のかけ方から、何から何まで計算されている。そこを学ばなければ勝てない。そういう部分は、数学の難しい問題を解くのと似ているかもしれません。x軸y軸z軸で考えて、人間の膝の関節はこの角度までしか曲がらないから、こっちからこう攻撃すれば、こう逃げるしかない。たとえば、そういうことを理詰めで考えていくわけです。足の位置はここで、目線をこう動かして、肩をこの角度で入れると相手はこっちへ動くから、そのときに足を軽く蹴って意識を下に向けさせておいて、間髪入れずに回し蹴りを入れる、とか全部ノートに書いて練習してました」

こうして空手の稽古が肇の生活の大半を占めるようになっていくのだが、道場の全員が彼のように頭の中で方程式を組み立てていたとは思えない。実際、彼の練習は一風変わっていた。道場で他の練習生と一緒に基本の型を稽古していたのはせいぜい最初の3ヶ月で、その時期を過ぎるとそこには姿を見せなくなった。道場の横のスペースで、自分の考案した練習を繰り返していた。みんなと一緒だと、自分に必要のない稽古もすることになる。それが肇には我慢できなかったのだ。サンドバッグを蹴り続けたり、ウエイトトレーニングをしたり、たいてい一人で練習をしていた。

彼が入門した時期は、K-1が動き出した時期だったから、有志が集まってK-1のルールを模索するチームを作って活動を始めていた。肇も誘われたが、参加しなかった。昇級試験を受けることもなく、試合に出ることもなく、一人で練習を続けた。3年経っても、4年経っても、社会人になって料理の修業を始めてからもそれを続けた。結局、足かけ10年間そんなことばかりやっていた。人のやっているような練習は、まず絶対にやろうとしなかった。

昆虫採集時代から変わらない、それが肇のスタイルだ。隣の人がサンドバッグを叩けば、肇は人差し指と中指の2本だけで目突きの練習をしていた。木を削って作った短刀を後輩に持たせ、素手で短刀と戦う方法を工夫していたこともある。

試合に出ないにもかかわらず肇が周囲から一目置かれていたのは、とにかく強かったからだ。当時の彼は危険人物とみなされていた。同じレベルの練習生とスパーリングをして負けることはまず絶対になかった。後に正道会館の全日本大会で優勝する人が茶帯から黒帯に上る頃、肇とスパーリングをしたことがある。毎日練習に出ているのに試合には出ない、そのボロボロの青帯が気になったのだろう。肇は下から3番目の青帯のまま昇級しようとしなかった。けれど、どう考えても、肇に勝ち目はなかった。正道会館の黒帯の強さは本物だ。しかもその人は特別強かった。誰もが肇は完膚なきまでにボコボコにされると思った。ところが、3分間のスパーリングを2回やっても肇は涼しい顔で立っていた。パンチはほとんどかわしたし、逆に何発かの蹴りを顔に決めていた。さすがに、90 kgクラスの体格の、後の全日本チャンピオンを倒すことはできなかったが、この頃から周りが肇を見る目が明らかに変わった。スパーリングではっきり負けたのを憶えているのは2回だけだ。1回目は肇が慕っていた植田という先輩だ。上段膝蹴りをまともに喰らって、気がついたら床に突っ伏していた。2回目は後輩。負けるはずのない相手だったのだが、調子に乗って下突きを何発も入れていたら、飛び膝蹴りを顎にまともに喰らったのだ。

そんなに強いのにどうして試合に出ないのか、と聞かれると、いつも肇はこう答えた。

「目突き、金的、嚙み付きがないから」

正道会館の空手は極めて実戦的で、試合でも素手の攻撃を相手に当てる。それでも試合である以上は、ルールがあって、目を突くこと、男性の最大の急所を蹴ること、そして嚙み付くことは禁じられていた。その最低限のルールすら、肇は気に入らなかった。実際の戦いには、そんなルールはないわけで、実戦的空手を標榜するなら、それを禁じている試合に出ても意味はないというのが肇の理屈だった。街で暴漢に襲われたら、反則もなにもないのだ。

中蔵隆志は、肇の5歳年下の後輩だ。中蔵は後に修斗の世界ウェルター級チャンピオンとなる本物の格闘家だ。その中蔵が肇を、先輩というよりは自分の師匠だったと述懐している。柔道のインターハイで3位になった中蔵が正道会館に入門したばかりの頃、肇が声をかけて一緒にスパーリングをするようになった。最初のスパーリングからずっと、肇が現役で正道会館に通っていた時代には、中蔵といえども一度もスパーリングで肇に勝つことはできなかった。正道会館のスパーリングは真剣勝負と変わらない。まだ若かったとはいえ、後にチャンピオンとなる格闘家を肇は完全にねじ伏せていたのだ。この時期の肇は、本物の格闘家だった。

10代の終わりから始め、正道会館に通わなくなっても、30代の半ばくらいまで肇は自主トレーニングを欠かさなかった。本人はあまり多くを語らないけれど、本物のストリートファイトの経験も少なからずあったらしい。フランスに渡ってからは、地元の警察官に空手を指導したりもしている。

「当時は電車に乗るのでも全体を見渡せる席、バスなら最後尾、爪楊枝を目付き用の武器として携帯して、どこに電信柱があり、どこにコンクリートの角があり、すべて敵という感じで生きていました」

ごく最近まで、自分は『料理のできる格闘家』のつもりだったと肇は言う。『Hajime』を開業して、ようやく『格闘技の好きな料理人』くらいになれたのだ、と。

肇の不思議さは、にもかかわらず、命を懸けて打ち込んだ格闘技を、自分の一生の職業にしようと思ったことは一度もないというところにある。心の片隅に、小学2年生以来のあの想いが消えずに残っていた。大学を卒業して企業に就職してからも、親しい人にはこう話していた。「いつかわからないけれど、会社を定年退職してからかもわからないけど、いつかかならず自分は料理人になる」

肇は料理なんてほとんどしたことがなかった。料理人に憧れるようになってからも、特に積極的に料理を作ることはなかった。中学生になって、お腹が空けばパスタを作ったりするようになったが、それも前に書いたように、母親に作り方を聞いたり、料理本を調べたりすることもなく、自己流で不味いパスタを作って食べるくらいのものだった。自分の料理の才能に彼が気づいていたはずがない。というよりも、そもそも自分には料理の才能なんてないんじゃないかと彼は言う。

「自分が料理上手だなんて思ったことないです。いや、謙遜じゃなしに。いまだに料理に対するコンプレックスがすごくあります。お腹が空いたときとかに、自宅のキッチンでぱっと作ったパスタの不味いことといったら。ほんとに料理下手だなって思う。でも、ちゃんとパスタを研究して、じゃトマトソースを作ろうと決めて、玉葱はこの大きさに切って、何グラム使おう。味付けは、旨みがこれくらい必要だから、ここにアンチョビをこうして、アンチョビの塩加減はこれくらいだから、パセリはイタリアンパセリを使おうか。だけど、それだけじゃまだ旨みのバリエーションが足りないから、ベーコンも少しだけ使おうとか。食べる瞬間に、麺にどれだけソースがからみついている方がいいかまで考えて、ということはソースの濃度はあそこまで煮詰めなきゃいけない。その段階で、火加減はこのくらいとか、分離すると油が出てくるから、油はひかえめにしておいて、最後にフレッシュなオリーブオイルをかけた方がいいかなとか考えて、味の設計図をきちんと描いてから作ったら、そこらのパスタには絶対負けないパスタが作れるんですけどね。だから、今は自宅で料理を作ることはめったにないけど、帰宅してお腹が空いてて、食べるものが何もないときに、玉葱炒めてぱーっとパスタ作ったりしたときに、後ろから妻に『あ、美味しそうね、ちょっと食べていい？』って言われて『いや、食うな、食うな』ってなったこと、何回もありますから」

旨い不味いの基準は人によって違う。厨房で日々彼が作っている料理の恐ろしく高い水準を考えれば、この話を鵜呑みにするわけにはいかない。単純に美味しい料理を、彼は美味しいとは言わない。彼の基準では、食べた人が心から感動して初めて、その料理を美味しいと言うのだから。

けれど、それにしても、彼自身が自分の料理の才能をあまり認めていないことはよくわかる。少年時代の彼だって同じことだろう。にもかかわらず、肇はなぜあれほど料理人になることに執着し続けたのか。その疑問は、ずっと残っていた。

その疑問が解けた気がしたのは、取材が終わりに近づいた頃だった。客をもてなすとはどういうことかという話をしていたとき、彼がふと思い出したという感じで、こんな話をしてくれた。

「人をもてなすということの原体験は、やっぱり母親の姿ですね。実家は来客がよくあったんです。母親が玄関を全部洗い流して磨いて、スリッパを揃えてね、私に『もうちょっとしたら車が到着するから、玄関で待っといて』って。私は玄関でじっとお客さんを待っていて、母親は台所で料理をしていて、そのうちに車が着いて、父親がお客さんを連れて帰ってくる。あの光景を、すごく鮮明に憶えているんです」

わくわくする気持ちを抑えながら、客の到来を待っていた肇の姿が目に浮かぶ。その水を打って清めた玄関が、彼のもてなしの原点だった。

子供は来客が好きなものだ。それが父親の仕事関係の客で、子供には何の関係もなくても、子供は昂奮する。家の中を流れる空気が変わるからだろうか。母親はよそ行きの化粧をし、父親はいつもより少し陽気になる。そして、食卓にはいつもよりちょっと贅沢な料理が並ぶ。子供が手をつけるのを許されるのは、客が帰った後だとしても、それはどんな子供にも心躍る眺めだ。

けれど、肇にとって、それはもっと特別なものだった。

幼い頃から料理上手な母親の料理を食べていたせいで、肇には好き嫌いというものがまったくなかった。なんでも美味しそうに食べたと、母親は言う。季節になると、よく山に山菜を採りに行った。わらび、ゼンマイ、つくし、スカンポ、アケビ……。採り方を教えたのは祖父だったが、一度採り方を憶えた後は自分で山に採りに入った。

そして、モノの味には幼い子供の頃からうるさくて仕方がないくらいだった。米の産地が変わっただけで「今日いつもの米と違うでしょう」と言い当てる子だった。好き嫌いはなかったが、不味いものは極端に苦手で、学校給食のパンを「不味くて食べられへん」と家に持ち帰ることがよくあったらしい。冷凍庫が給食のパンでいっぱいになってしまったこともある。

母親の料理は家庭料理の範疇を超えていた。「和子さんの料理は料亭みたいや」と、米田家の親戚や近所の大人たちの間では評判だったらしい。肇は、そういう母親が誇らしくもあっただろう。

特に肇がまだ小さくて、氷室台がまだできたての新興住宅地時代は、近所づきあいが濃密だった。時代のせいか、それともあまり家が建て込んでいなくてみんな人恋しかったのか、何かにかこつけてはお花見だ、焼肉パーティだと近所が集まっていた。それが肇には楽しくて仕方なかった。

「まあ、根本的にはミーハーなんでしょうね。妹の誕生会でも、クリスマスでも、お正月でも、大人も子供も、とにかく人が集まって、みんなで陽気に飲み食いをしているあの雰囲気が大好きでした。準備を手伝ってるところからもう昂奮して、前の日には眠れないくらい。クリスマスは家じゃなくてレストランに食べに行くことが多かったけど、それもまた楽しみでした。街がクリスマス色の赤と緑に染まって、サンタクロースがいて、夢みたいな世界に変わっていて。レストランに入ると、お店の人もお客さんもみんな幸せそうな顔をしていた。これが一年中続いたらいいのにって、小学校から中学校にかけては暮れになるたびに毎年そう思ってたような気がします。そう言えば、あの頃から、自分がもしレストランをしたらこんなふうに人が集まるんだろうなってよく想像してました」

肇が子供の頃から胸のうちに秘めていた孤独の大半は、彼自身の心の癖が作り出したものだ。一人遊びが好きだったのは、吃音があったことだけが原因ではない。孤独は米田肇という魂を育てるために、必要なゆりかごでもあった。

けれど、だからといって孤独が彼の心に影を落とさなかったわけではない。何よりもそれは少年時代の肇に、彼が本来持っている陽気さ、快活な魂というようなものを、心の底に押し隠して生きることを命じた。だからこそ、彼にとっては家族だけでなく、親戚も、近所の大人たちも、あるいは父親の会社の社員たちも、誰もが幸せな顔をしてテーブルを囲んでいる光景が、特別なものになったのだろう。そこでなら、彼は何も恐れることなく、天に与えられたままの陽気で快活な自分自身でいることができた。クリスマスのレストランはまさにそういう場所で、そのレストランの主人であるシェフになるという夢は、彼にとってはおそらく一つの天啓みたいなものだった。

そういうわけで、肇は小学2年のその日から、ことあるごとに料理人になりたいという希望を、両親に訴えていた。そのたびに、肇を抑えてきたのが父親の宏だった。その最初の結果は、またしても彼が5年生のときに書いた作文に書いてある。

『でも、いちりゅうの料理人になるためには、大学をでなければいけません』

これは、父に説得されたのだろう。

父の宏は人を惹きつける魅力のある人だった。声が大きくて、豪放磊落《ごうほうらいらく》で、人の面倒見が良く、真面目で、正義感の強い父は、肇の憧れだった。

宏は、天王寺にあった米田ボタン商会というボタンの卸問屋の次男に生まれた。関西大学の法学部を卒業し、第一メリヤスに就職した。創設以来初の大卒新入社員だったらしい。学生時代に実家の使いで当時は大阪下町の都島にあった第一メリヤスに出入りするうちに、二代目社長の小久保恵三と知り合ったのがきっかけだった。

小久保は大阪郊外の枚方に購入した広大な敷地に新工場を建設してヨーロッパから最新鋭の自動編み機を導入し、ニット製品を大量生産する夢を宏に語ったそうだ。当時としては大きな賭けだったが、宏はその夢に賭けたのだ。

肇が生まれた70年代初頭には、第一メリヤスは早くも生産管理にコンピュータを導入し、東南アジアや中東の工場と技術提携し、欧米諸国にも製品を輸出するようになっていた。小久保の右腕として活躍していた宏は、それで頻繁に海外に出張していたのだ。

肇を大学に行かせることは、彼が生まれたときに宏と和子が話し合って決めたことだった。「財産と違って、知識は誰も奪えない。お金は失うこともあるが、自分の身についたものはこの子の一生の役に立つものだから、それだけは何があっても与えておいてやろう」というのが宏の考えだった。

小学2年生で料理人に憧れたときも、中学校に入るときも、高校受験のときも、大学受験のときも、人生の節目が来るたびに、肇は料理の道へ進みたいという自分の夢を父に訴えた。夢を実現するために、なんとか父親を説得しようとしたが、そのたびごとに逆に父に説得された。ねじ伏せられたといった方がいいかもしれない。

宏は頭ごなしに反対したわけではなかった。いつも肇の話を聞き、それから理路整然と自分がなぜ反対するのかを説明した。肇を子供あつかいするのではなく、大人と話すように話した。けれど当然のことながら、肇はいつも完膚なきまでに叩きのめされた。

宏は反対したのではなく、肇の意志の強さをはかっていたのだと思う。

サラリーマン的な考え方とは無縁の人だったから、料理人になって自分の人生を切り開いていくという肇の考え方そのものを否定したわけではなかった。ただ、それだけに、そういう生き方の厳しさをよく知っていた。その厳しい人生を歩み続ける強さが、肇にあるかどうかを父は見極めようとしていたのだろう。自分がどれだけ厳しくしても、厳しすぎることはないということを、もちろんこの父親はよく知っていた。

どんなに厳しい父親と比べても、現実の方が遥かに、桁違いに厳しいのだ。

大学を卒業した肇は、東京の港区芝大門に本社のあるＮＯＫ株式会社に入社する。入社して研修期間を終えるとすぐに、茨城県の鹿島臨海工業地帯にあった子会社の日本メクトロンの電子事業本部に出向することになった。ＰＨＳ用フレキシブルプリント基板では当時国内シェアの90パーセント以上を占める会社だった。昔のテレビを分解すると、中にトランジスタだのコンデンサーだの小さな電子部品を表面にびっしりつけた緑色の板が入っていたものだ。その緑色の板がプリント基板だ。極めて薄い柔軟性のあるフィルムでそのプリント基板を作ったのがフレキシブルプリント基板で、現代では携帯電話やスマートフォンをはじめとする様々な電子機器で使われている。

設計部に配属された肇の仕事は、そのフレキシブルプリント基板の設計だった。

「入社して1ヶ月目に、『なんで俺この会社に入ったんだろう』って思ったんです。企業に就職したのは、就職活動の時期になって自分が4年間大学で勉強したことがどこまで社会に通用するのか試してみたくなったからです。外国に行きたいという想いはずっとあったんで、海外に工場や研究所のあるところということでその会社を選びました。それが東京での研修が終わって、茨城の牛久にあった工場に配属されて工場服を着たときに、自分が想像していたような工場ではなかったし、地元の人には申し訳ないですけど、すごい田舎に思えたから、自分はここでずっと暮らしていけるんだろうかって、思わず考え込んでしまった。そして、子供の頃からの夢を思い出したんです。自分は本当は料理人になりたかったんだって。だけどその一方で、この感覚は、人間が新しい環境に放り込まれたときに起きる、一種の拒絶反応なんじゃないかとも思いました。入社して1ヶ月で、この会社は違うなというのは他の人だって思うことだろう。それなら自分は、石の上にも三年じゃないけど、仕事ができるようになって、友達や先輩もできて、ここの生活が楽しくなってから、それでも自分は料理がやりたいのかどうかを考えてみようと思いました。

1年目に大学受験に失敗したときに、やはり自分は料理の専門学校に行きたいと父に訴えていたんです。『大学落ちたから専門学校行くなんて許さへん』と叱られました。『そんな気持ちでは何も成し遂げられん』と。それでも専門学校へ行くというなら、授業料は自分で用意しなさいと言われ、一応授業料を調べてみたんです。1年間で217万円だったかな。『これは無理や』って思って諦めた記憶があるんだけど、じゃあ、まずその3倍の600万円を貯めて、その時点で考えようと思いました。新入社員の身で600万円は大金です。それくらい貯まる頃には、会社にも馴染んで楽しい生活をしているだろう。それでも料理人になりたいって気持ちが揺らいでなかったら、会社を辞めて、そのお金で料理の学校へ通おうと決めて、節約生活を始めたんです」

昼食は会社の社員食堂で300円のカレーライス、夕食は自炊で材料費は200円までと決めた。海に近い町だったので、スーパーに行くと地元の漁港に揚がった魚を安く売っていた。カタクチイワシ1キロ500円とか、小アジ一山300円とか、安くて新鮮な魚をバケツ1杯分買い込んできて鍋で炊く。それが、1週間分のおかずになった。

毎日イワシの煮付けでも、飽きなかったと言って肇は笑う。

「母親が家で作ってた料理を思い出しながら作りました。醤油と砂糖で甘辛く炊いたり、南蛮漬けにしたり。塩をして酢で締めて密閉容器に敷き詰めて上から酢飯をつめたら3、4日は鮨が食べられるとか。イワシが新鮮なら、生のまま手で割き、頭と内臓と骨だけとって、水でさっと洗って、ちょっと醤油つけて食べると旨いんです。あ、でも、これはやらない方がいい。一回それで、ひどい目に遭ったことがある。あのときは猛烈な腹痛で、のたうちまわりました。虫（寄生虫）が入ってたんだと思います。イワシがすごく新鮮で目が綺麗だったから、大丈夫だと思ったんですけどね。そういえば、トイレットペーパー節約のために、休日以外は家でトイレをしないって決めてました。会社ですればトイレットペーパーを使わないですむじゃないですか。出勤途中にお腹が痛くなって、必死で我慢しながら、『俺なにやってんだろう』って、何回思ったかわかりません」

自分でも少しおかしいんじゃないかと思うくらい節約をしたら、2年で目標の600万円に達してしまった。そのときには、心は決まっていたという。これなら3ヶ月後には目標額を超えるとわかった時点で、課長に話をして「3ヶ月後に退社させてください」と頭を下げた。「料理がやりたいんです」と言ったら、課長が目を丸くした。

その前日まで、肇は普通に仕事をしていたのだ。優秀な社員だった。

与えられた仕事だけではなく、普段使っているコンピュータのプログラムがあまり良くなかったので全部書き直したり、新しい仕事の提案もどんどんやっていた。彼の最後の仕事は人工衛星に搭載する基板の設計だった。その仕事でロサンゼルスの企業とやりとりするようになり、アメリカで設計の仕事をやらないかと誘われた。そのまま外国で暮らすという夢をかなえようかと思った瞬間もあったけれど、自分の胸に手をあてて出した結論は変わらなかった。

石の上にも三年よりは短かったが、なんとか一人前に仕事ができるようになった。大切な友人や先輩もできた。会社にも、そして田舎だと思っていた牛久の町にも愛着を感じるようになった。上司や仲間と別れるのはつらかった。とてもつらかった。

だからこそ、辞めようと思った。それでも、料理をやりたいという気持ちは揺るがなかったから。

実家に帰って父親と話をした。あれほど強く反対していた父親が、このときはまったく異論を挟まなかった。ただ、男が一度決めて前に進む限りは、もう後には引けないぞと言われた。

そのとき父親が息子に渡した手紙が残っている。

このときが来ることを、ずっと前から知っていたようだった。

『夢見て行い　考えて祈る』

人間は夢見る思いで一生の重大事を決定することが多い。
仕事をはじめる動機は夢がよい。
だが、ここで慎重に考え込んでいると、機を逸して駄目になる。
思い切って果敢に行動することだ。
考えることの大切なことはその次にあらわれる。
慎重に、広く、深く仕事の当否を考え直す。
最後に、仕事の成否はただ祈るほかない。
仕事には「運」がある。

大切なことはこの順序である。
祈ることからはじめると科学的でなくなり、
行うことからはじめると現実に流され、
考えることからはじめると遂に行動しない恐れがあるからだ。

人間は夢見る思いで一生の重大事を決定することがよい。

私の大好きな文章です。

私の大好きな文章です、と最後の行にあったので出典を探した。『夢見て行い　考えて祈る』という言葉が、免疫学者で1979年から6年間大阪大学総長の職にあった山村雄一のものであるらしいことまではわかったが、元の文章にまでは辿り着けなかった。

こうして米田肇は1998年4月、エコール・キュリネール辻フランス料理専門カレッジに入学する。

25歳になっていた。

肇が初めてきちんとしたフランス料理を食べたのは、この学校に入ってしばらく経ってからのことだ。学校では、自分たちが作ったフランス料理を試食する機会が何度もあったが、食べたというよりもあくまで味見だった。「特に美味しいと思った記憶はない」と肇は言う。

学校の料理が不味かったという意味ではないだろう。前にも書いたが、肇の〝美味しい〞のハードルはきわめて高い。現在の彼は毎年、暮れから新年にかけて長期休暇を取る。たいてい一人でフランスに出かけて、気になるレストランを食べ歩くのだが、感想を聞くと生真面目な顔で「美味しいと思った料理はありませんでした」と答える。三つ星クラスのレストランの料理がどれもこれも不味かった、という意味ではないだろう。

彼の使う〝美味しい〞という言葉の前には、〝感動的に〞という言葉が隠されている。その料理が人を心から感動させるくらい美味しくなければ、美味しいとは認めないのだ。

授業中の味見ではなく、生まれてはじめて肇が食べたフランス料理は、『ル・ヴァンサンク』というレストランのランチだった。フランス料理を習っている者として、一度くらいはきちんとしたフランス料理を食べなければいけないと考え、学校の同級生を誘って食べに行ったのだ。『ル・ヴァンサンク』は今も大阪にあるフランス料理店で、当時からとても評判の良い店だった。

その日のことを肇がよく憶えているのは、彼がフランス料理が美味しいということを初めて知った日だからだ。特に印象に残ったのは、金目鯛だった。肇が頼んだ皿ではなく、一緒に行った友達のをつつかせてもらっただけなのだが、ほんとうに美味しかった。皮目はぱりっと香ばしいのに、身はしっとりと柔らかい。そのコントラストが見事だった。家庭料理の焼き魚しか食べたことのなかった肇は、そんなふうに焼かれた魚を食べたのは初めてだった。

「フランス料理が美味しいものだとわかってすごく嬉しくなった」と、肇は言う。

逆に言えば、そのときまで、フランス料理が美味しいということを知らなかったということだ。そんなことも知らないまま、せっかく就職した会社を辞めて、フランス料理の世界に飛び込んだのだ。父親が見抜いていたように、肇は夢見るような思いで人生の重大事を決めたのだった。

辻静雄は手塩にかけたこの学校に肇が入学する5年前に、60年の人生を終えてこの世を去っている。二人が出会うことは、ついになかった。

もちろん、仮にそこで会っていたとしても、何が起きたということはないだろう。なんといっても肇は、少しばかり出遅れた料理人志望の若者に過ぎなかった。

ただ、もし、辻静雄がそのときまだこの世にあって、彼が40年近くの歳月をかけて育てたこの学校の廊下でもぶらぶらと歩いているうちに、何気なくそのフランス料理コースの教室を覗き込んだとしたら、と想像を膨らませてしまうのだ。

老人というには早い。辻は生きていればそのときまだ65歳だ。この好奇心の強い人なら、あるいは肇が他の生徒と違っていることに気づいたかもしれない。肇はいつも教室のいちばん前の席に陣取り、そこにあるものは何から何まで喰い尽くしてやるという顔で授業を受けていた。選んだコースは1年間だった。その1年間でフランス料理のすべてを学び尽くすつもりでいた。

「すごく勉強しました。ほんとに勉強しました」

そう肇は言う。彼がそう言うのだから、ほんとうに冗談じゃないくらい勉強したのだ。その証拠が今も残っている。それは、厚さ15センチほどのファイルだ。そのファイルをめくりながら、最初僕は教科書かあるいは授業のために学校側が作成した資料だと思った。内容はフランス料理の様々なテクニックに関するものなのだが、その説明の文章は活字になっていたし、説明の（たとえばフライパンで魚の切り身をソテーしている）イラストも手書きではなく、簡易なものだがCGで描かれていたからだ。文章とイラストのレイアウトもすっきりしていて読みやすかったし、なによりも、その量があまりにも膨大だったから、考えるまでもなく、これはすべてこういうものを作成する専門のプロの手によって作られたものだと思い込んでいた。

ところが、そうではなかった。

それは、肇がその1年間で学んだことを記したノートだった。正確に言えば、昼間の授業のノートをもとに、肇が自宅に戻ってから整理して、パソコンで仕上げたものだ。母親の和子によれば、彼はその1年間一日も欠かさず夜自宅に戻るとずっと机に向かって作業をしていたという。

「設計をやってたので、こういうのを書くのは得意なんです。仕事の工程表を作るのと一緒です。毎晩1時間から2時間でさっと仕上げてました」

肇はそれをなんでもないことのように言うけれど、ファイルを1枚ずつめくりながら僕は、彼がその1年間でしたことの量に圧倒された。

かつてある場所で、旧日本海軍のパイロットで将校だった人が、太平洋戦争中に作っていたノートを見て慄然《りつぜん》としたことがある。そのノートは信じられないくらい緻密《ちみつ》で端正な文字の手書きだったのだが、なんといえばいいか、一台のパソコンにおさめられている情報のすべてがそこに書き込まれているという感じだった。

実際にそうなのだろう。その一冊のノートがあれば、一機の飛行機を完全に操縦し、飛行機から投下した爆弾を敵艦に命中させ、あるいは燃料の残量と飛行高度から飛行可能距離を割り出すことができる……というような情報が、ページをめくるごとに次から次へと現れるのだから。ページによっては、書き込まなければいけない数字の量が膨大すぎて、一つの数字が1ミリ四方ほどの大きさになっていた。その将校が優れた才能の持ち主だったことは疑いないが（すべてが手書きなのに、文字の直しは僕の見た限り一文字もなかった）、こんな緻密なノートを人間が作れるというそのことに僕は戦慄した。そして、これは戦時中という非常時だからできたのだと、多少強引に結論づけた。

肇のファイルを見て真っ先に思い出したのは、その海軍将校のノートだった。緻密さと完成度において、二つはとてもよく似ていた。絶対的な情報量では料理の技術に関するファイルと軍事機密を網羅したノートは比べるべくもなかったけれど、肇なら必要とあらばその軍事機密のノートだって作れるだろうと思った。少なくとも真摯《しんし》さということにおいて、肇はあの絶望的な戦争を最後まで戦い抜いた海軍将校に負けていなかった。それだけ真剣に学んでいたのだと思う。

もし辻静雄が肇に会っていたらと僕が妄想してしまうのは、その話の続きのせいでもある。辻にとって、日本に本物のフランス料理を紹介することはある種のライフワークだったわけだけれど、その一方で彼は、日本の料理人がフランス料理においてフランス人を凌駕することはあり得ないと考えていたらしいのだ。そういう辻静雄が、肇のこの話を聞いたら、なんというだろう。

肇が熱心にフランス料理の技術を身につけたのは、その技術を将来自分が使うためではなかった。

たとえば、オムレツの正しい作り方を習ったとする。普通の人なら、自宅に戻ってその正しい作り方でオムレツを作って、上手にできればそれで満足する。

肇も、おそらく自宅に戻ってその正しい作り方でオムレツを作ってみるだろう。ただし、そこからが違う。皿の上のふんわりと焼き上がったオムレツを前にして、肇は腕を組んで、首を傾げる。

さて、この旨そうなオムレツを超えるには、どうしたらいいか？

まるで格闘技だ。

いや、本人は真剣に格闘技のつもりだったのかもしれない。それが人間だろうと、オムレツだろうと、自分の前に立ち塞がった相手は、とりあえずどうやって倒すかを考える。オムレツ作りのルールを学んだら、そのルールを超える方法を必ず考えるのが肇の流儀だった。

自分は美味しいオムレツを作れるようになったから、オムレツについてはこれで終わり。次はどんな料理を憶えよう、とはならないのだ。オムレツはあくまで喩えで、肇が実際にオムレツの正しい作り方を習ったかどうか僕は知らない。けれど、あの1年間で彼が習った何十かあるいは何百かのフランス料理のすべてのレシピについて、彼はそういう態度で学んでいた。

「フランス料理をずっと勉強していると、フランス料理の骨組みというか、全体を支える共通ルールのようなものが見えてくるんです。肉はどう焼くとか、その肉を焼いたときに出る旨みをどう使ってソースを作るとか、あるいはそのソースにワインや香辛料をあわせるときにはどうするとか。フランス料理を学ぶということは、そのルールを身につけて応用できるようにするということだと思います、普通はね。普通はルールを守るためにルールを学ぶんだと思うけど、私はそんなつもりはなかった。ルールからはみ出すために、一所懸命勉強してたんです。ひん曲がってますよね」

とても肇らしい、とも言える。

他の人にできることなら、自分がやる必要はない。人からこうしなさいと言われたら、絶対にそうはしない。それが彼が幼い頃から頑なに守ってきた生き方だった。

そしてその生き方は、その後の人生の中で彼に刷り込まれた。格闘技の稽古にしても、フレキシブルプリント基板の設計にしても、相手を倒さなければ意味がないのだ。何かを習って、それをそのまま繰り返すことはあり得なかった。格闘技なら敵の裏をかかなければ倒せなかったし、フレキシブルプリント基板の設計なら既存の製品を超えるものを作らなければならなかった。格闘技の技にしても、設計図にしても、独自の工夫を施すことが大前提だったのだ。

さすがに肇も大人になったのだろう、フランス料理の枠からはみ出すなんてことが、1年や2年でできるはずもないことくらいはわかるようになっていた。

今は学ぶときだった。フランス料理の枠からはみ出すのは、徹底的にフランス料理を学んでからのことだと心に決めていた。その証拠に、あんなに暗記科目は苦手だといっていたのに、教室の最前列に陣取って、ものすごい勢いでノートを取りながら、誰よりも授業を熱心に聞いていた。

授業が終わると、彼はすかさず講師のところに行って質問をあびせかける。

たとえば、こういう質問だ。

「先生はこの野菜を1センチ角に切りなさいっておっしゃったけど、なぜ1センチ1ミリ角ではいけないのですか？」

ふざけているわけではなくて、肇はどこまでも真剣だった。純粋なのだ。純粋すぎるといってもいい。それだけに、始末が悪かった。

彼の純粋さを理解して、愛してくれる人も中にはいたけれど、そういう人間は少数派だった。彼の目の前には、苦難の道がどこまでも続いていた。

彼のような生き方をする人間には、普通の人には何の変哲もない舗装道路までもが、血まみれで歩かねばならないイバラの道になるのだ。


「いちばん厳しい店を紹介してほしい」というのが、学校の就職課に出した肇の希望だった。

学校の1年間はあっという間に過ぎた。必要な知識はほぼ完璧に吸収した自信があったし、勉強はその1年間で充分だと肇は思っていた。

あとは現実の厨房で修業を積むだけだ。それも、長い期間をかけるつもりはなかった。料理人の世界はスタートが早い。10代で修業に入るのが普通なのに、肇は26歳になっていた。学校の同期にざっと10年の後れを取っている。30歳まではフランスに渡って修業すると心に決めていた。そこまであと4年しかない。後れを取り戻すためにも、できるだけ厳しい店で修業しようと思ったのだ。

そして紹介されたのが大阪市内の、あるフランス料理店だった。

「厳しくて有名な店だけど大丈夫ですか？」

職員がわざわざ念を押すような店だった。

厳しいだけではなく、そのフランス料理店はそのとき最高の旬を迎えた店でもあった。オーナーシェフは10年以上もフランスの三つ星レストランで修業を積んで帰国した人で、ヌーヴェル・キュイジーヌの王道を行く彼の料理への評価はきわめて高く、もし日本にミシュランガイドがあったら最も三つ星に近い店と噂されていた。昼も夜も何ヶ月も先まで予約で一杯だった。

愛車は高価な外車のスポーツカー、顔立ちも端整で白いコックコートがよく似合っていた。そこが大阪で、ニューヨークではないということを別にすれば、肇が子供の頃にテレビで見て憧れたあの料理人の姿によく似ていた。

「ウチは他の厨房とは違うルールがあります。まず、厨房は完璧に清潔にしておくこと。完璧にとは、文字通り完璧にということです。新入りの仕事は掃除から始まります。塵の一粒の存在も許さないという気持ちで掃除をしてください。それから、厨房では静かにしてください。私語は厳禁です」

最初の面接でシェフはそう言った。その言葉にたがわず、彼の厨房は昨日完成したばかりのように隅々までピカピカに磨き上げられていた。

厳しさも噂通りだった。初出勤の日、厨房のドアを開けた瞬間に肇の目に飛び込んできたのは、シェフがパイ皿でスタッフの顔を思い切り殴りつけている光景だった。（えらいところへ来ちゃったな）とは思ったけれど、それこそが肇が心に思い描いていた厨房の姿でもあった。

レストランの厨房では殴る蹴るが当たり前だという話は、学校時代の噂で耳にタコができるくらい聞いていた。殴る蹴るどころか、ある有名シェフはアシスタントを１８０度のオーブンに突っ込んだとか、包丁で腕を刺したとか。厳しい修業というよりも、傷害事件になりかねないような話がいくらでもあった。だいたいそういう話というものは、伝わる間に尾鰭《おひれ》がついて、大袈裟になっていくものだ。殴る蹴るといったって、正道会館の稽古に比べたら、たいしたことないだろうとタカをくっていた。それが最初から、いきなり顔を殴るシーンを見せられたのだ。

怖じ気づくのが普通かもしれないが、肇はこれこそが本物の厨房だと思った。こんなに厳しいのに、肇のような見習いが何人も働いているということは、それだけたくさんのことを学べるということではないか。厨房にはスタッフが６人いた。全員が肇よりもずっと若かった。

肇はいちばん年のいった、いちばんの下っ端だった。

勤め始めてすぐにわかったのは、ほとんどのスタッフが短期間で辞めるので、2年以上のキャリアのあるスタッフが厨房には一人もいないということだった。肇が厨房に入って2ヶ月も経たないうちに6人のスタッフのうち3人が相次いで夜逃げ同然に辞めてゆき、3ヶ月後には3人しかスタッフが残っていなかった。肇以外の2人はどちらも19歳の若者だった。

シェフはその3人の見習い同然のスタッフを使って、昼も夜も連日満席になる席数30席のレストランを切り盛りしていた。ただのフランス料理店ではない。飛ぶ鳥を落とす勢いのグランメゾンだ。

ディナーならアミューズからデセールまで、一人の客の皿数は10皿を超える。ランチはその半分としても、毎日450皿の料理を用意するということだ。完璧主義者のシェフはそのすべての皿に渾身の力を注いでいた。人間業ではない。

おそらく彼は1日2〜3時間も寝ていなかったはずだ。だから、いつも不機嫌な顔をしていた。表情だけなら何も問題はないのだが、シェフはその不機嫌をそのままスタッフにぶつけた。

愛用の道具は木製の胡椒挽きだった。本気で殴ったわけではないだろう。本気で殴ったら、死んでもおかしくないくらい大きくて重い胡椒挽きだ。その胡椒挽きでよく頭を殴られた。些細なミスや気のゆるみも許されなかった。

トウモロコシの粒まで何粒と数えて、数を書いて、密閉容器に入れて保管しておくようなシェフなのだ。翌日そのトウモロコシが一粒でも足りないだけで大騒ぎになった。「どこかに落とした」と答えれば、その落としたトウモロコシの一粒を朝までかかっても捜し出せと、厨房中を捜させた。

それでも見つからなければ、パイ皿が凶器になった。パイ皿で顔を殴っておいて、皿の端が欠けると、「なんで皿を欠けさせるんだ」といって、今度は頭を殴る。土鍋で頭を殴られて、頭から血を流したら「床を汚すな」とまた殴られる。

肉体的な恐怖を感じた。空手の稽古では一度も感じたことのない恐怖だった。このシェフに比べたら、どんな荒っぽい格闘家だって平和主義者みたいなものだ。無抵抗の人間に対して、そんな攻撃を加える格闘家はいないのだ。

最初のうちは思わず避けたこともある。空手の癖で、本能的に攻撃をかわしてしまうのだ。けれど、そんなことをするとシェフの怒りは倍増して、さらに激しい罵声と攻撃を加えられることになる。

肇が厨房で最初に憶えたのは、襲いかかってくる胡椒挽きを避けないことだった。

「それでも最初のうちは楽しかったんです。楽しいは言いすぎかな。でも充実感はあった。ようやく子供の頃からの夢だった料理人になって、思い描いていたような一流店に入って修業しているわけです。修業は元々好きだったし、自分は今いちばん有名な店で働いているんだから、厳しいのは当たり前と思ってました。厨房はピカピカでした。ピカピカにするのは私たちですけど。営業が終わった夜中に毎晩掃除をしてました。掃除を終えて部屋に帰るといつも夜中過ぎになる。しかも、掃除が終わった後にシェフがチェックして、指紋一つでもついていたりしたら、『全部やり直せ』って、引き出しから何から全部出して、最初から掃除をやり直ししなきゃいけない。そうなると終わるのは明け方になってしまう。『ああ、また今日も朝になっちゃう』って、泣きそうになりながら掃除をしてました。前の日の帰りがどんなに遅くなっても、翌朝は6時半に起きて出勤しなきゃいけないから、いつも寝不足で、掃除には業務用の強力な洗剤を使うから、手はパンパンに腫れてアカギレだらけだった。痛くて重いものが持てないんです。休日実家に帰って、母親と一緒に買い物に行って、帰りに荷物を持ってあげようとするんだけど、手を握れなくて持てないってことがありました。母親が黙ってボロボロ涙をこぼしながら、私の手をさすってくれました。後から聞いたら父親に『それがあいつの選んだ修業なんだからなんにも言うな』って言われてたんだそうです。あの頃はそんなことはつゆ知らず、すっげえ修業だなあと思って、その厳しさが逆にモチベーションになったくらいです。

ただ問題は、私がまったく仕事ができなかったということです。学校を卒業したときには天狗になってたんです。フランス料理のことなら何でも知っているつもりだった。どこの厨房に入っても、自分は通用すると思っていました。自分は誰よりもフランス料理の勉強をしたという揺るぎない自信がありました。だけどこれは、野球でいうなら要するにルールブックだった」

そういって、肇は目の前に置いた分厚いファイルをポンと叩いた。学校に通っていた1年間、毎晩コンピュータに向かって昼間の授業の内容をまとめた例のファイルだ。

「私は1年かけて、詳しいルールブックを作っただけのことだった。椅子に座ってルールの勉強をしただけなのに、野球をやってるつもりでいたんです。ルールは完璧に暗記してるけど、素振りすらしたことがない野球選手がバッターボックスに立っても、空振りするしかないですよね。それと同じことですよ。なのに、自分はどこでも通用するなんて思ってた。何やってるんだという話ですよね。

野球のルールを憶えることと野球をすることがまったく違うのと同じように、料理の知識を頭に詰め込むのと料理を作るのは別のことなんです。あの最初のレストランの厨房で、そのことを思い知らされました。ものすごい闘志が湧きました。自分ができないのも当たり前だ。いつかできるようになろうと思って毎日を過ごしてました。それまでは何をやるにしても、学校の勉強も、ゴルフも、格闘技も、会社の仕事にしても、普通にやってればなんとかできるようになってた。ところが、これは普通に頑張るくらいのレベルではどうにもならない。命懸けって言葉があるけど、あのシェフの厨房ではそれくらい本気にならなきゃついていけなかった。本気で何かに取り組むというのはどういうことかを、あの厨房で学びました。そして、真剣に仕事に取り組みました。シェフに言われたことは、すべて完全にやり遂げようと自分にできることは何でもやりました。だけど、完璧に空回りだった。1年経っても、何もできるようにならなかった」

肇の最初の担当は、洗い場とデザート作りだった。

それほど難しい仕事ではないはずなのだが、何一つまともにできなかった。いや、何一つできないというのは、言いすぎかもしれない。何事につけても異様なくらいに厳しいシェフが、肇の仕事を褒めたことが一度だけある。デザート担当の肇は、アングレーズソースというアイスクリームのベースになるソースを作っていた。その甘いソースを一口味見して、シェフがこういったのだ。

「おい、こいつの（アングレーズソース）お前のより旨いぞ」

それは、肇に直接言ったのではなくて、彼よりも若い19歳の他のスタッフにかけた言葉だった。肇はスタッフで最年長なのに、いちばんの新入りで、おまけにグズでノロマとみなされていた。「その肇の方がお前よりも、美味しいアングレーズソースを作るぞ」とシェフは発破をかけたのだ。

つまり、それは肇を直接褒める言葉ではなかったのだが、シェフが曲がりなりにも肇を認めたことはあったわけだ。ただし、その一回だけ。後にも先にも、肇がシェフから認められたのは、そのときただ一度だけだった。とにかく仕事ができなかった。自分でも泣きたくなるくらいできなかった。何をやっても遅かったし、おまけに四六時中ヘマばかりしでかしていた。

冷静に考えれば、肇は『現実の壁』に頭をぶつけていたのだ。

ホテルの室内プールで泳ぎを習った人が、いきなり冬の嵐の日本海に放り込まれたようなものだ。自分が慣れ親しんだプールと、この猛烈に時化《しけ》た海には、何の共通点もなかった。水をかこうにも、平らな水面はどこにもない。泳がなければ助からないことはわかっているが、こんな場所でどう泳げばいいかまったくわからない。波に揉まれ、大量に塩水を呑み、自分は泳げるなんて思っていたのは、大きな勘違いだったと気づいても、どうにもならなかった。ただ滅茶苦茶に手足を動かし、なんとか顔を水面の上に出すだけで精一杯で、他のことは何もできなかった。

ほんとうのことを言えば、プールだろうが荒れた海だろうが、泳ぎの本質は変わらない。経験を積めば、プールで習ったことを、海で生かせるようになる。学校で習った様々なことは、そういう意味で無駄にならないはずなのだが、この段階ではそんなことを言っても何の慰めにもならない。

現実の世界においては、物事は教科書に書いてあるようには動かない。

人生が上手くいっていないときは特にそうだ。誰かがどこかで意地悪をしているんじゃないかと勘ぐりたくなるくらい、あらゆることがそうなってほしくない方向に動く。何もしていないはずなのにいつの間にか電気製品の電源コードは絡まっている、落としたトーストは決まってバターを塗った面が床につく。肇を取り囲む環境が、全力を挙げて肇の邪魔をしていた。いや、ほんとうはそうではないのだけれど、肇にはそうとしか思えなかった。

しかも、取り返しのつかない失敗をするのはいつもシェフが見ているときだった。そういうときに限って、アイスクリームが柔らかすぎたり、床に水がこぼれて滑りやすくなっていたりするのだ。絶対に落としてはいけないモノを持てば絶対に落とす、焼き菓子を焼けば全部割ってしまう、アイスクリームを盛りつけようとすれば容器ごとひっくり返す……。

トウモロコシが一粒足りないだけで殴られるのだ。当然のように、容赦ない制裁が待っていた。毎日のように蹴られるので、膝から下はいつも真っ青に腫れていた。

そのうち、シェフの足音が遠くから聞こえてくるだけで脂汗が流れるようになった。自分の手元を凝視しているのが痛いほどよくわかる。心臓がバクバクと鳴る。手先が震え出す。小学校の国語の時間に教科書を朗読させられたときのように、カラダが硬直したようになって、いつも簡単にできていることができなくなる。悪い夢でも見ているようだった。

おそらくは、肇とそのシェフとの組み合わせが悪かったのだろう。

肇は要領の良い人間ではない。

おそらくは彼の本質である完璧主義のゆえに、何であれ適当に誤魔化すということができないのだ。何であれ完全に会得すれば、他の人には真似できないレベルの上手になってしまうのだが、そこに到達するまでは、ひどく不器用な人と同じくらいしかできない。オール・オア・ナッシング。できないのに周りの雰囲気に合わせて、そつなく物事をこなすなどということは、彼の最も苦手とするところだった。

そしてシェフは、何ヶ月も先まで昼も夜も予約で席が埋まっているグランメゾンを、肇のような明らかに経験不足のアシスタントを使って切り盛りしていた。高層ビルの谷間で綱渡りをする方がまだ楽だったかもしれない。肇が必死なのとはまったく違うレベルで、シェフもまた必死だった。駆け出しの料理人である肇の拙《つたな》い完璧主義につきあう余裕などなかったのだ。

肇は骨惜しみをする男ではないから、上手い下手は別にして、シェフに指示されたことは100パーセント以上しっかりやったに違いない。強い洗剤の刺激で手が何倍もの大きさに腫れ上がっても、肇は厨房の掃除を続けた。彼のいた1年間、少なくとも厨房は完璧に磨き上げられていたはずだ。アングレーズソースを、彼なら誰よりも正確な分量で丁寧に美味しく作ることができたように。

けれど、そこまでだった。それ以上は、何をしたらいいかがわからなかった。

肇の才能も好奇心も、そして向上心でさえも、シェフの仕切る厨房での日々のルーティーンワークに灰色に塗りつぶされていった。

「そのうちシェフは私を、道端で踏んづけた犬の糞でも見るような目で見るようになった。殴られるより蹴られるより、それがいちばんつらかった」と、肇は言う。他の若いスタッフの見る目も、推して知るべしだ。19歳の男の子に「なんだこのおっさん、仕事できねえなあ」という目で見られるのはつらかった。

ほんとうにそういう目でシェフや他のスタッフが肇を見ていたのかどうかはわからない。事実として言えるのは、若い見習いがどんどん辞めていくのに、1年経っても肇には洗い場とデザートの準備以外の仕事は与えられなかったということだ。その1年間で彼が身につけたのは厨房掃除の技だけだった。ソースの味見すらさせてもらえなかった。鍋を洗い場の肇に渡す前に、シェフはいつも必ず中性洗剤を鍋底に振りかけた。鍋底にこびりついたソースをそっと舐めてみることさえできなかった。

肇は27歳になっていた。毎朝、起きるのがつらくてたまらなくなった。寝不足がつらいのではなく、起きてしまったらあのシェフのいる厨房へ行かなければならないからだ。起床して出勤するという当たり前のことのために、持てる力のすべてを振り絞り、自分を叱咤激励しなければならなかった。

その1年間で体重は15キロも減った。夜中に疲れ果てて部屋に帰ってきても、なかなか眠れなかった。ふと気づくと、ただじっとベッドの片隅を見つめている。俺は何を考えていたんだと思う。そういうことが増えていった。

「手は腫れ上がってまともに握ることもできないし、脚は毎日のように蹴られていつも真っ青だったし、精神的にもボロボロで、一日に1食しか食べられなくなってたから、体重もどんどん減ってました。このままでは頭がおかしくなると思った。もしかしたら、おかしくなってたかもしれない。

あのときの私には、選択肢が2つしかなかったんです。料理人を辞めるか、それとも死ぬか。それがすでにもうおかしいですよね。どうして選択肢の中に死ぬなんてことが入っているのか。店を辞めるという選択肢はなかった。石の上にも三年じゃないけど、絶対に3年は頑張るって決めてました。それができないということは、料理人になることを諦めるしかない。だけど、料理人を辞めるとなると、父親や会社の人たちの顔が浮かぶ。料理人になるために、父親の反対を押し切って、折角就職した会社を辞めたんです。その会社の人たちにも、すごくかわいがってもらいました。会社を辞めると言ったときは驚かれたけれど、最終的には私の夢を理解して、上司も同僚もみんな応援してくれたんです。頑張れって送り出されて、激励のメールもいろんな人からたくさん貰った。それを考えると、こんなところで夢を諦めるわけにはいかない。となれば、最後の死ぬという選択肢しかないだろうってことになってしまう。おかしな結論だけど、それが追い詰められるってことなんでしょうね。料理人を辞めるか、死ぬか。悩みに悩みました。1ヶ月くらい悩んで、最後の最後に父親に電話したんです。そしたら、拍子抜けするくらい簡単な解決策を言われた。『今の店に固執することはない。他の店で修業したらい い。フランス料理店は、他にいくらでもあるよ』って」

父親のその一言で、目が醒めた。

店を辞めようと思った。

意を決して、シェフに辞めると告げた。そして、この1年間、腹の底に溜め込んでいた思いをぶちまけた。たとえどんなに素晴らしい料理を作るためだろうと、スタッフをこんなに苦しめていいわけがない。あなたの料理は確かに一流かもしれないけれど、スタッフを大切にあつかえないこの店は一流とは言えない。正確に何を言ったかは憶えていないけれど、そういう内容のことを言った。シェフも何かを言い返したけれど、何と言われたかはもう憶えていない。

「今はもう、シェフを恨む気持ちはまったくありません。あのつらかった時代を忘れたのではなくて、気づいたんです。要するに私が未熟だったんです。とにかく私は仕事ができなかった。それがすべての原因だった。シェフには迷惑ばかりかけてました。シェフは飛ぶ鳥を落とす勢いで、店は何ヶ月も先まで予約で全部埋まってました。お客さんは最高の料理を求めていらっしゃるわけです。シェフはその期待に応えなきゃいけない。

プレッシャーは半端ではなかったと思います。一皿一皿に命を懸ける思いで、料理に立ち向かってた。そういう人の足を、私は引っ張っていた。自分がシェフになって、シェフの気持ちがよくわかりました。それでもシェフはクビにせずに置いてくれた。それだけでも、いくら感謝してもし足りないのに、私はそのことにまったく気づいていなかった。そして最後は、シェフに文句を言うだけ言っていきなり辞めてしまうという、社会人としてあるまじきことをしてしまったわけです。あのときはそうするしかないと思ってましたが、辞めるにしてももっと前からシェフに相談しておけばよかった。まあ、あの当時はシェフが怖くて相談なんてできませんでしたけど。頑張りすぎて、最後の最後にいきなりポキッと心が折れてしまったんですね。今は自分のスタッフに、そうなる前に何でもちゃんと相談しろよってよく言ってますけど、それでもある日突然スタッフに辞められたことが何度もありますから。因果応報ですね」

その翌日から、次の店を探し始め、雑誌で気になる店を見つけた。『ルイブラン』という神戸市郊外にある小さなフランス料理店だった。住宅街の中で営業しているというところに好奇心が湧いた。

電車に飛び乗って、その店に行った。予約も取っていなかった。もし席が空いていていければ、店の入り口だけでも見られればいいと思った。

ようやく見つけたその店は、雑誌に書いてあった通り閑静な住宅街の中にあった。

その入り口まで行って躊躇《ちゅうちょ》した。ドアを押して中に入ることができなかった。あたりはもう薄暗くなっていた。予約もせずに、こんな時間帯に一人でこんなフランス料理店に入るなんて非常識じゃなかろうか。

非常識かどうかはともかく、席が空いているかどうか聞いてみることくらいはできそうなものだが、それができなかった。現在の肇からは考えられないことだ。気持ちが弱っていたのかもしれない。その一年間は、トラウマと言ってもいいくらいの深い傷を肇の心に残していた。しばらく店の入り口を見ながら佇んでいた。それでも、そのドアを開ける勇気を奮い立たせられなかった。

どうしていいかわからなくなって、肇は駅までの暗い道をのろのろと引き返した。

わざわざここまでやって来たのだ。ドアを開ける前に諦めてどうする。席が空いていなければ、断られるだけじゃないか。まさか、「予約もなしに一人で来やがって」と、シェフが胡椒挽きで殴りかかってくることはあるまい。そう考えたら、ふっとお腹の底に笑いが湧いた。

いつの間にか、駅に辿り着いていた。やっぱり食べて帰ろう。もう切符を買い電車に乗って帰るしかないというところまで戻って、ようやく気持ちを立て直した。

そこから店に引き返し、何も考えずに思い切ってドアを開けた。バターとソースの入り交じった、フランス料理店のいい匂いがした。幸運なことに席は空いていて、一人客の彼を快く迎えてくれた。

けれど、もっと幸運だったのはその店、『ルイブラン』の料理がとても美味しかったことだ。ただ美味しいだけではなく、肇が今まで食べたことのないような、しっかりした個性のあるフランス料理だった。この店で修業したいと思った。簡単なことではないかもしれないが、何度も通って頼み込めばなんとかなるのではないか。やっぱり勇気を出して店に入ってよかったと思いながら料理を味わっていると、ワインを注ぎに来たソムリエに声をかけられた。

「料理か何かをされてるんですか？」

グラスに伸ばした肇の手に、ひどいアカギレができていた。毎日長い時間水仕事をしている人間の手だった。しかも、決して安くはないフランス料理店にたった一人でやって来て、妙に思い詰めた顔で料理を味わっている。その様子を見れば、シャーロック・ホームズでなくても、それくらいの推理はできるはずなのだが、肇は自分の素性を見事に見抜かれて感心してしまった。思わず素直に頷いていた。そして、問われるままに大阪の店で働いていた話をしていた。

「ああ、それは大変だったでしょう」

関西のレストラン業界では、肇が修業していたその大阪のレストランの厨房の厳しさは語りぐさになっていたのだ。そこに1年間いたという話をしたら、ソムリエは目を丸くした。

「そんな長い間、あそこの厨房にいたんですか。それで、今は？」

「就職活動中です」

「え、そうなんですか。ウチも今、人を募集してますよ。よかったら、シェフに会ってみますか？」

そんな小説を書いたら、安易すぎると言われかねない展開だ。けれど、現実には時としてそういうことが起きる。何もかもが上手くいかなくて、やることなすこと裏目に出るのも人生なら、幸運が手をつないでポケットに飛び込んでくることもある。まあ、めったにあることではないけれど。

「働かせてください」

厨房から出てきたシェフに頭を下げると、こう言われた。

「でも、ウチは君のいたその店より厳しいかもしれないよ」

翌日、履歴書を持ってもう一度店を訪ねた。その場で採用が決まった。その日のうちに引っ越し先を決め、翌日には厨房に入っていた。前の店を辞めて、1週間も経っていなかった。

何ヶ月も悩み続けたのが嘘のようだった。

『ルイブラン』のオーナーシェフ、島田敦哉はパリ7区の三つ星レストラン、『アルページュ』で修業をした人だった。『アルページュ』は言わずと知れた、現代フランス料理界の鬼才アラン・パッサールの店だ。芸術的とすら言われる、きわめて繊細な火入れで一世を風靡《ふうび》した料理人である。

その弟子の島田もまた、当時の常識では考えられない丁寧な肉の焼き方をした。フライパンの温度は極めて低い。鍋底を素手で触って温かいと感じるくらいの低い温度で、肉の角度をほんの少しずつ変えながら、ゆっくり火を通していく。焼くというより、肉と内緒話でもしているみたいだった。

そういう料理の方法論も、厨房の雰囲気も、前のレストランとは大きく違っていた。シェフが違うのだから当たり前の話なのだが、肇には何もかもが新鮮だった。

「スタッフの食事も前の店はひどかったんです。ランチの時間が始まる前に昼食が出るんだけど、たいてい味噌汁にご飯だけだった。しかも、味噌汁は出汁もとってないみたいに薄くて、具はブロッコリーの芯とかキノコの軸でも浮いていればマシな方だった。それを座って食べてたら、怒られるんです。『のんびり座って食べてんじゃねえ』って、後ろから蹴りを入れられるから、立ったまま味噌汁をご飯にかけてかき込んでました。ところが次に行った『ルイブラン』では、スー・シェフがちゃんとした賄い料理を作ってくれました。オムレツに野菜のサラダがついていたりして、栄養のこともちゃんと考えられていた。前が前だけに、天国に来たのかと思いました。前の店からの習慣で立って食べようとしたら『なんで立ってごはん食べへんねん』って、島田シェフにものすごく怒られた。今考えたらおかしいんだけど、それが私にはものすごく意外で『えっ、座って食べていいんですか』って聞き返しました。そしたら『当たり前だろ。お前、アホか。料理人なんやから、もっと食事を大切にしなさい』ってまた怒られた。ああ、そうなんだ、これが普通なんだって思って、そこで2年半修業させていただいたんです」

ただその厨房は、前の店ほどは掃除が行き届いていなかった。まあ、前の店は厨房のショールームよりも綺麗だったくらいだから、これは仕方がないことではあったが。

ここは腕の見せ所とばかりに、仕事が終わると前の店と同じようにピカピカに磨き上げた。それから毎日、仕事終わりに徹底的に厨房を磨いて帰った。今度こそ、このシェフに喰らいついてしっかり修業しようと思った。いつもシェフの横にくっついて、自分にできることならなんでもやろうと身構えていた。そこまではよかったが、その先が問題だった。

身構えはしたけれど、どう動けばいいかわからなかった。

肇を取り巻く環境は変わった。けれど、肇自身が変わったわけではない。肇は相変わらず、厨房で自分が何をしたらいいのかがわからなかった。木偶の坊のように突っ立っているしかなかった。

もしそれが、たとえば分業制の弁当工場のようなところだったら、肇はすぐにでも優秀な職人になれたに違いない。やる気だけは誰にも負けなかったから。

野菜を洗うにしても、魚をさばくにしても、何をするにしても、彼ほどの熱意を持って取り組めば、すぐに誰よりも上手くできるようになっただろう。次に、自分のやるべきことがわかってさえいれば。

けれどそこは、レストランの厨房だった。

厨房は、ある種の戦場だ。戦場ではいつも不測の事態が起きる。というよりも、すべてが不測の事態で成り立っているといった方が正しいかもしれない。そしてそれは肇だけでなく、シェフを含めて厨房で働くスタッフ全員にとってそうなのだ。

誰もが敵の弾丸をかいくぐりながら前進しているような状況では、新米だろうが何だろうが自分のなすべきことは自分で見つけるしかない。その自分のなすべきことが見つからなかった。肇が何をすべきかを、事細かく説明してくれる人はどこにもいなかった。もちろん「この鍋洗って」とか「冷蔵庫から鴨出して」とか、簡単な仕事なら頼まれもする。けれど、それ以上の説明を要する複雑な仕事は肇には回ってこなかった。説明している暇が惜しいのだ。たとえば肇に「ソースの準備して」と頼もうものなら、「何のソースですか？」「何を用意したらいいですか？」「道具は何使いますか？」と、たちどころに質問攻めが始まる。肇は今こそ修業のチャンスとばかりに、今日はソースの作り方を習えると夢中で質問するのだが、たいてい「そんなの後、後」ということになる。そんな質問にいちいち答えるくらいなら、自分でやった方がよほど早いのだ。シェフは舌打ちして、自分でソースの準備を始める。そこで慌てて、シェフの後について回り、シェフの目の前にある鍋を取るとか、シェフの手元にある包丁を渡すとか、ほとんど意味のないような手伝いをしているうちに一日が終わってしまう。

そんな使えないアシスタントを、いつも思い詰めたような顔で何もできずに厨房に立ちつくす肇を、シェフはよく放っておいたものだと思う。このシェフもスタッフを殴ることがよくあったが、肇はなぜかほとんど殴られなかった。肇のやる気だけは伝わっていたのかもしれない。

ただ、シェフの我慢が限界に達する前に、肇が耐えられなくなった。何をしたらいいか、どう動けばいいかがわからないまま肇は3ヶ月間厨房に立っていた。その3ヶ月が過ぎる頃、どうにもならなくなって肇はシェフに打ち明けた。このままでは、前の店とまったく同じことになってしまう。

「自分がこの厨房で何をしたらいいかわからないんです。いったい僕はどうしたらいいんですか？」

意を決してそう話すと、シェフは意外そうな顔をした。スタッフがシェフに話があるというときは、辞めるときなのだ。シェフはこの3ヶ月間ずっと肇の様子を見ながら「いつ音を上げるだろう」と思っていたらしい。それが、あくまでもやり通すつもりだと知って驚いたのだった。

シェフはしばらく考えてから、こんなことを言った。

「君はフォン・ド・ヴォーの作り方とかムースの作り方とか、フランス料理の勉強はよくしている。だけど、この店のことをまったく勉強していないよね。だからわからないんだよ。だいたい君はウチのメニューを見たことがある？」

いきなり頬を平手打ちされた気がした。正直に答えるしかなかった。

「いえ、見てません」

確かに肇は、自分の働いている店のメニューすらまともに見たことがなかった。自分の修業のことしか考えていなかったからだ。

肇はフランス料理のテクニックを身につけることが、フランス料理の修業なのだと思い込んでいた。

それが、大きな勘違いだった。

はっきりいえば、肇がその店で働いていたのはどこまでも自分のためだった。その店のために何かをするという発想がまるっきり抜け落ちていた。もしもそういう気持ちが少しでもあったら、メニューに目を通すくらいはしたはずだ。

それをしなかったのは、シェフから料理を教わるかわりに仕事を手伝うのだという程度の気持ちで厨房に立っていたからだろう。

肇のために弁護するなら、フランス料理店の厨房スタッフの給料はきわめて安い。最初に勤めた店は月給10万円、今度の『ルイブラン』は11万円だった。休みは週に1日、早朝から夜中まで毎日働いてその給料なのだ。一般社会の常識とはかけ離れているが、この業界ではそれほど意外な話ではない。むしろ一流の店ほど給料が安いというのが常識だった。いいレストランほど、志望する料理人見習いはたくさんいる。有名なレストランであれば、タダでもいいから働きたいという志望者だっている。もちろんどうせ修業するなら、誰だって一流の店で修業をしたいのが人情だ。一流の店ほど給料が安いというのは、つまりある種の需給バランスの結果なのだろう。

しかも給料がこれだけ安いと、普通は長く勤めるのは難しい。せいぜい2〜3年でその店から吸収できるだけのものを吸収して、また次の店に修業に入るというのが一般的なパターンだった。

そういう事情もあって、料理人見習いの側からすれば、就職というよりはやはりどうしても修業という意識が強くなってしまうのだ。信じられないような安い給料で、怒鳴られたり殴られたりしながらも黙々と働くのは、料理の腕を磨くためなのだ。

けれど、学校で料理を習うことと、厨房で料理を作ることとの間には大きな溝がある。それは、決定的に違うことなのだ。学校の主人公は自分だ。自分が料理を身につけるために勉強をする。厨房で料理を作るのは自分のためではない。お客さんのために作るのだ。お客さんを満足させること。それが、料理人が料理を作る唯一の目的なのだ。

「自分がこの厨房で何をしたらいいかわからない」

肇はシェフにそう訴えた。そんなことを言い出すこと自体が、そもそも何もわかっていないということを露呈していた。肇が厨房に存在している意味はただ一つ、客を満足させること以外にはない。

けれどもちろん、見習いでしかない肇には、客を直接満足させる手段がない。厨房でそれができるのはシェフだけだ。であるならば、肇がなすべきことは明らかだ。全身全霊でシェフの手助けをすること以外には何もない。シェフがいい料理を作るという、厨房全体の目的と一体になって初めて、自分の仕事に意味が出てくるのだ。そんな当然のことがわからなかった。自分のことだけを考えていたからだ。

それが肇の陥った罠だった。

自分のことしか考えなかったから、何もかも上手くいかなかったのだ。

新しい空気を吸うには、まず肺の中の古い空気を吐き出さなければならない。修業の第一歩は、自分を捨てることから始まる。これからはシェフを助けることだけを考えて動いてみようと肇は思った。シェフが少しでもいい仕事ができるように、自分ができる限りのことをすることが、この厨房での自分の仕事なのだ。

そう心に決めたら、目の前を覆っていた霧が一気に晴れた。山の頂から麓を見下ろしたときのように、自分の進むべき道がはっきりと見えた。

「修業の仕方がまったくわかってなかったんです。シェフの下で料理を習うことが修業だくらいにしか考えてなかったんでしょうね。だけどそんなことは、二次的、三次的なことだった。料理人の修業は、シェフが何を考えているのか、何を見ているのかわかるようになること。極論すれば、それがすべてと言ってもいい。それがわからなければ、シェフのアシストはできません。ということは、厨房では何もできないということなんです。私がまさにそういう状態だった。それは、私が自分のことしか考えていなかったからです。自分は自分の仕事だけしていればいいんだろうと思っていた。それが間違いだった。仕事は必ずつながってるんです。自分の仕事だけをしていたらいいなんてことは絶対にない。ある仕事は次へとつながり、その仕事がまた次へとつながっている。あのときから、自分の仕事が最終的にはどこまで影響するのかを考えるようになりました。逆にいえば、すべてが自分の仕事なんだってことがわかったんです」

すべてを自分の仕事と思えるかどうか。そこにすべてはかかっている。

厨房だけの話ではない。それはこの地球上の、ありとあらゆる世界のすべての新米たちに当てはまる真理だ。身も蓋もない言い方をすれば、それ以外には秘密も何もありはしない。

世界は二通りの人間で成り立っている。夢を現実にする人と、夢がいつまでも夢のままの人。人を使う人と、人に使われる人。成功する人と、しない人。主役と、脇役。

どちらの人生が良くて、どちらが悪いという話ではない。ただ、二通りの人間の間には、深くて広い川が流れている。

ただし、その川には1本の魔法の橋がかけられている。

心の底から、すべてを自分の仕事と思うことのできた人間にだけ、その橋は見える。それが、この橋を渡るための唯一の鍵だ。

これは、それほど簡単なことではない。すべてを自分の仕事と思うということは、肇の立場で言えば、自分のすべてをそのレストランに捧げるということだ。店のオーナーでありシェフである彼のボスならいざ知らず、彼の身でそこまでするのは、自分の身を捨てるのとほぼ同じだ。

月給11万円では、いくらなんでも割に合わない。と、普通は考える。

それがつまり、その橋を見えなくしている魔法の正体で、たいていはそこで躓いてしまう。誰もが成功を望みながら、成功する人間が少ないのも、おそらくはそこに理由があるのだろう。これが、人類の歴史が始まって以来、あらゆる文化圏で語り継がれてきた献身ということについての真理だ。

与えることによってしか、得られないものがこの世にはある。

『人に与えよ、さらば汝らも与えられん』（ルカ伝6章38節）
肇も我が身を捨てる覚悟を決め、その橋を渡ったのだった。
その日から、肇は変わった。
完全に変わってしまった。あたかも、蛹《さなぎ》が蝶へと羽化するように。

『ルイブラン』というそのレストランで、肇は2人の生涯の友を得る。

岩永歩が『ルイブラン』にやって来たのは、肇が働き始めて数日後のことだった。つまり時期的にいえば、岩永は木偶の坊のように厨房に突っ立っているだけだった頃の肇を見ていたはずだ。

けれど、岩永の記憶の中には、そういう肇はいない。むしろ「今思えばかもしれないですけど、一流になる基礎というのは確実にありました。当たり前のことが当たり前にできてましたから」という。

岩永はブーランジェ、すなわちパン職人で、肇はキュイジニエ（料理人）だから、同じ厨房内で仕事はしていたが、同じ仕事をしていたわけではない。岩永自身が料理店で仕事をするのは初めてだったし、その新しい環境で新しいパンの試作に必死だった時期だから、他人の様子などにあまり注意を向けている余裕はなかったのかもしれない。

それはともかく、岩永は肇のことを最初は「嫌なヤツ」と思っていた。

「激しい拒絶反応でしたね。本当に子供っぽいんですけど、あの人がいるから店に行くのは嫌だとすら思いました。今日も何か言われるって」

岩永は肇より2歳年下で、当時26歳だった。いわゆる街のパン店でパン職人の修業を始め、やがて小麦粉と水と塩と天然酵母だけで作る本格的なフランスのパンと出会い、当時の日本にはまだ数少なかったフランス式の方法でパンを作る職人としてのブーランジェを志すようになる。『ルイブラン』は岩永が就職した3件目の店だった。岩永には岩永の長い物語があって、それは肇とはまた別の意味で感動的で興味深い物語なのだが、それをここで語り始めるともう一冊の本になってしまう。ここでは要旨だけを手短に述べることにしよう。

ブーランジェとして『ルイブラン』で仕事をするようにはなったけれど、このときの岩永もまた大きな不安の中にいた。本音を言えば、自分の仕事に自信などとても持てる段階ではなかったし、おまけに当時の『ルイブラン』にはパンの専門店にあるような基本的なパン作りの道具も揃っていなかった。発酵室もなかったし、パン焼き専用のオーブンすらなかった。もしキャリアが充分にあれば、それでもなんとか対応できたはずだと、現在の岩永は言う。けれど、その充分なキャリアが当時の岩永に最も足りないものだった。彼もまた肇と同じように、室内プールから嵐の猛り狂う本物の海に放り込まれた一人だった。

そういう状況で、岩永が最初に取り組まされたのが、『ルイブラン』のパンを本格的なフランスのパンに作り替えるべく、試作品のパンを焼くことだった。

いくつもの意味で正解がどこにあるのかまったくわからないような仕事を、脂汗をかきながら青息吐息でなんとかこなしている岩永の苦境くらい、普通ならなんとなくわかりそうなものだが、そういう空気をまったく読まずに、近づいてきたのが肇だった。

試作のパンを焼き上げると、近寄ってきてパクパク食べる。そして、ぼそりと感想を口にする。その感想が呆れるくらい辛辣《しんらつ》だった。

「ほんとに彼は、空気を読まないんです。まったく読まない。しかも別に頼んでもいないのに、意外と積極的に食べに来るんです。僕のパンだけじゃなくて、シェフの作った料理とかもガンガン食べてました。彼も店に入ったばかりの頃だし、なかなかできないですよね。普通の人なら遠慮すると思うんだけど、彼は当然のごとく食べる。誰も試食なんて頼んでないのに。それが正しいのはわかってますよ。お客さんに美味しいモノを出すのが僕らの仕事なんだから。新入りだろうがなんだろうが、ちゃんと食べて感想を言うべきなんだろうけど、普通は遠慮しちゃいますよね。彼には、その遠慮がまったくない。まるでフランス人みたいに。僕が焼いたパンに、当たり前の顔して手を伸ばして、パクパク食べる。で、ひどいことをはっきり言うんです。『なんで、こんな不味いの？』って」

遠慮のない感想に傷つけられなかったわけはないけれど、それでも喧嘩にはならなかったと岩永は言う。肇は感想を述べているに過ぎなかったからだ。そして、自分に何よりも必要なのが、当たり障りのない感想などではなく、そういう本音の意見であることを、岩永自身もよくわかっていた。

「デリカシーが欠如してるっていうか、なんていうか。『なんでこんなに時間をかけて、不味いパンを作ってるの？』って聞くんですよ、その不味いパンを作った本人に。悪気はないんです。『美味しくない』って言うときの目が、ものすごく澄んでる。意地悪しようとか、人を陥れようとか、そういう気持ちは微塵も感じられない。『どうしてこんな美味しくないパンを作ってるの？』って、ほんとに不思議そうに聞く。そりゃこっちは傷つくし、悔しいし、『作りたくて作ってんじゃない』って言い返した憶えはあるけど、でも結局、僕らの仕事は目の前にあるものがすべてなんです。パンが不味いという事実は動かない。そう考えれば、彼は何も間違っていない。気遣いができない人ではないんです。ちゃんと他人への気遣いはするんだけど、ただ彼は相手にとってマイナスになることをまったくしない。『まあまあだね』なんて感想だったら、僕はそれを重く受け止めないじゃないですか。はっきり『美味しくない』って言われたら、こっちだってなんとかしようと思いますよね。僕もなんとかしようと思って必死に頑張りました。ほとんどトラウマみたいになってましたから」

不思議なことに、この話を肇はあまりよく憶えていないという。

「こんなに丁寧にもの作りをする人がいるんだなって思ったことは憶えているんですけどね。この人はパンのこと好きなんだなって、岩永さんが仕事をしてる様子を見て何度も思いました。パンに話しかけてるんですよ。オーブンに入れるときに、『行っておいで』って。パン生地の触り方も、すごく優しい。自分はこの人みたいに心を込めて仕事ができてるんだろうか、トマトを切るときはトマトのことを思いながら切ってるだろうかって、自分が問われている気がしたものです」

岩永はその後、筆舌に尽くしがたい苦労の末に、日本に妻子を残してフランスに渡り、パリの『メゾン・カイザー』で修業をしながら、求道者のようにストイックにフランス中を回ってフランス料理を食べ歩く。料理とパンの関係を究めるためだ。今や日本にも数多くの優れたブーランジェがいるけれど、岩永ほど料理というものを意識してパン作りをしている職人は少ない。彼がそういう稀な道を歩むことになった理由の一つが、肇の存在だった。

「だって肇さんは絶対に止まらないから。この人だけは絶対に止まらないだろうってことがわかってました。だから自分も一瞬たりとも止まれないと思った。ちょっと頑張ったくらいで、慢心してる暇はない。追いかけ続けなければ、絶対に置いていかれる。それだけは嫌でした。いつか彼は彼自身の料理を作るようになるだろう。そのとき、一緒に仕事ができるかどうかは別として、とにかく自分は彼の料理に負けないパンを焼けるようになっていたかったんです」

肇が日本で修業を始めたばかりの頃、まだ何者でもなかった時代に、岩永は肇の未来を正確に予見していたのだった。肇の料理に負けないパンが焼けるようになっていたいという岩永の想いは、後に大きな意味を持つことになる。肇は感謝の気持ちを込めて、岩永にある贈り物をするのだけれど、それはもう少し先の話だ。


もう一人の友の名を、志水陽子という。小学校の教員を辞めた彼女が、『ルイブラン』で働くようになったきっかけは、雑誌で偶然に見かけた料理の写真だ。『ルイブラン』のシェフが作ったフォアグラの料理だった。その写真がとても美しかったのだ。

無性に、自分もこういう仕事がしてみたいと思った。こんなに美しい料理を作っている人たちがいる。そこでなら何か希望があるのではないか、自分の生きる道が見つかるのではないかと、何の脈絡もなく、けれどとても強く思った、と陽子は言う。

料理の世界には何の縁も、そして興味もなかった彼女が、どんなに美しかったとしても一枚の写真にそれほど心を動かされたということは、それだけ彼女の心が何かに飢えていたということなのかもしれない。特別な出来事があって教員を辞めたわけではなかった。理想に燃えて身を投じたはずの学校という職場が、想像していたよりもずっと窮屈で旧弊でやりきれなかった。

彼女が『ルイブラン』にやって来たのは、肇がそこで働くようになってから1年が過ぎた頃だった。

人が運命の人と出会ったときに、どこかで鐘が鳴るという言い伝えがある。

陽子はサービスのスタッフとして採用されていた。その出勤の一日目、初めて厨房のドアを開けた彼女の目に飛び込んできたのは、白いコックコートを着た肇の姿だった。なんだか無闇に眉毛の太い人だなあと思った。

鐘の音はしなかった。そのかわり心臓が潰れるほど大きな音を立てて皿が割れた。

調理器具か何かを取ろうと棚に伸ばした肇の手が誤って、どこか上の方に積んであった皿を床に叩き落としたのだろうと陽子は言う。オリーブオイルが垂れて、皿が滑って勝手に落ちてきたと肇は弁解するのだが、まあそれでもいい。

いずれにせよその皿の割れる音が、二人にとっての鐘の音だったことには違いない。料理の神様が鳴らしたのかもしれない。もっとも、それはその話を聞いた僕が、今そう思うということだ。

そのときの二人にとって、それは単に皿の割れる大きな音だった。

肇には日常茶飯の音だったし、陽子にとっては、彼女が飛び込んだ世界を象徴するいささか物騒な音だった。

皿の割れる音に続いて彼女の耳に飛び込んできたのは、スタッフに指示を出すシェフの声だった。彼女の耳には、何か恐ろしい罵声か怒鳴り声に聞こえた。人が実際にそんな声を出して怒鳴っているのを聞くのは初めてだった。自分が飛び込んでいいような世界ではなかったんじゃないかと、しばし考え込んだ。あの美しい料理を作っていたのは、こういう人たちなのだと、陽子は静かなショックを受けた。


その修羅場のような厨房に心が慣れてくると、彼女の目にもそれまで見えなかったものが少しずつ見えるようになった。まず気がついたのは、シェフと肇の関係だった。シェフの怒りの矛先が、罵声にしても拳骨にしても、肇に向かうことはまずなかった。厨房が荒れているのに、肇の周囲はまるで真空地帯のようだった。二人は深い信頼関係で結ばれていた。信頼しているというだけではなく、陽子の目には、あの怖いシェフがアシスタントである肇にだけは敬意を払って仕事をしているように見えた。厨房のボスはもちろんシェフなのだけれど、肇もまた一国一城の主であって、シェフといえども無断でその内側には入らないという感じだった。理由はすぐにわかった。

肇の仕事ぶりが、素人目にも普通ではなかった。とにかく尋常でなく速い。現在の肇の仕事を見れば、それが猛烈な速さだったことは想像がつくが、陽子によれば、単純に速さだけを比較するなら、あの時期の方がもっと速かったのではないかという。

シェフの島田の仕事のスピードもまた驚くほど速かった。速いだけでなく、ほとんど会話も交わしていないのに、二人の呼吸は不思議なくらいよく合っていた。シェフと肇が並んで仕事をする様子は、陽子の目には剣の達人同士が無言で真剣勝負をしているみたいに見えた。

その直感は正しかった。

肇にとって、それはある種の格闘技だった。９ヶ月前のあの日以来、肇はシェフの補助を完璧にやり遂げることに没頭していた。シェフが肉や魚を焼くことに専念できるように、アミューズや前菜を準備し、ソースを作り、盛りつけをし、必要なあらゆる補助をするのが肇の仕事だった。

肇はまずメニューを完璧に憶えた。完璧というのは、それぞれの料理について、必要な食材、使う塩や香辛料の種類と量から、料理を作る手順、作るのに必要な道具にいたるまでを、オーダーが通った瞬間に頭にイメージできるようにするということだ。

それができるようになったら、次は各テーブルから入ってくるオーダーをすべて記憶だけで再現できるようにした。当時の『ルイブラン』にはコースが4つあって、それぞれのコースの中でさらにオードブルやメイン料理を、いくつかの選択肢から選べるようになっていた。それをすべてリアルタイムで憶えた。1番テーブルは客が4人で、Aコースが2人、Bコースが2人、Aコースの客は、オードブルが何で、メインディッシュが何、2番テーブルはCコースとDコースで……という具合に、満席で18人分のオーダーについて、それぞれがコースのどの段階まで進んでいるかを、オーダー表を見なくても瞬時に思い浮かべられるように自分を鍛えたのだ。さすがの肇も最初は自分にそんなことができるようになるとはとても思えなかったけれど、必死で憶えているうちに、いつの間にかできるようになっていた。

苦労してそんな訓練をしたのは、シェフの動きの先を読むためだ。シェフを完璧に補助するには、いつもシェフの先回りをしていなければならない。シェフに、あれをしろこれをしろと言わせるようでは良いアシストはできない。その呼吸は、サッカーのフォワードとミッドフィルダーの関係に似ている。フォワードがシュートを打てるポジションに走り込んでから、パスを蹴っても遅いのだ。

シェフが次に何を必要とするかを予測し、シェフがそれを必要とする瞬間に最高のタイミングで差し出せなければいけない。シェフと肇の呼吸が合っていたと陽子が言うのは、つまり肇がそういうアシストをしていたということを言っているのだろう。

ゲームのルールがわかってしまえば、それは肇が得意とすることでもあった。大学時代から正道会館にあんなに熱心に通ったのは、後から考えてみればそのための修行のようなものだったといえなくもない。空手の立ち合いで敵の動きを読んで反応することと、厨房でシェフの動きの先を読んで動くことは、本質的には同じことなのだった。

「シェフがイメージする以上のことができないと認められないので、シェフが望んでいるもの以上のことは何だろうって考えながら、いつも動くようにしてました。シェフの無言の背中を見て、何を欲しているのか、フライパンが要るのか、鍋が要るのか、次はスープに行くのか、全神経を使って感じて動いてました。言葉はほとんど発しなかった。島田さんは、インスピレーションを大切にされる方で、作り置きをしないんです。一人前ずつ切り分けた肉をポーションというんですが、そのポーションでさえもあらかじめ用意しておかない。魚もスープも同じです。オーダーを取ってから、肉を切り分け、魚をさばき、ソースを作り始める。その日のメニューでさえ、お客さんが来てから書き始めてました。今日は何を作るのか、いつもわからないんです。食材は山ほど買っておくんだけど『え、そんなの作るの？　材料買ってないよ』ってこともよくありました。いつも私たちアシスタントはバッタバタなわけです。テーブルがいくつかお客さんで埋まっただけで、山ほど仕事が積み重なってしまうので、もうできないってなってしまうんです。『無理、無理、無理、アホちゃうか？　なんで人をもっと雇わへんねん』って日々思うんだけど、でも、結局お客さんがテーブルについて料理を待っているという事実は変えようがない。無理でも、やるしかない。そう思った瞬間に頭がすーっと醒めて、やるためには手を速く動かさなきゃいけない。もっと速く、もっと速くってやっているうちに、ばーっと動けるようになっていたんです。まあ、そこまで行くには1年はかかったかな。そこからさらに1年半くらい、あの厨房で修業させてもらったんだけど、その終わり頃には、少量のソースに入れる隠し味のような材料まで全部スプーンに必要な量だけ入れて、パパパッと横に並べられるようになってました。それからはどこの厨房に行っても、たとえ言葉が通じなくても、シェフの動きを見ただけで何を用意しなきゃいけないか全部わかるようになった」

陽子は1年で『ルイブラン』を去ることになる。直接のきっかけは、新しくソムリエが入ったことだった。小さなレストランに、サービスのスタッフは2人も必要なかった。

その1年間、一人で店のサービスを切り盛りして、大変ではあったけれど、お客さんの喜びや感謝や、時には叱責さえも直接浴びるレストランという職場のシンプルさに愛情を感じるようになっていただけに、それはとてもつらい選択だった。逃げるように職場を去った。『ルイブラン』で一緒に働いた仲間にも連絡を取らなかった。肇から、仲間に黙って突然辞めたことに対するぶっきらぼうな怒りのメールが来ていたが、返信はしなかった。そのままだったら、二度と会うことはなかった。

そのメールが届いたのは、2002年の夏の終わりだったと陽子は記憶をしている。大学時代に取った資格を生かし、ある幼稚園の手伝いを始めた頃だった。肇からのメールだった。

（店を辞めます。フランスに行きます）

『ルイブラン』を去って半年が過ぎていた。蓋をして忘れたはずの過去からの、素っ気ない短いメールだった。それなのに、なぜあんなに大きなショックを受けたのか、いまだによくわからない。とにかく、自分がひどく取り残された気がした。肇を男性として意識したことは一度もなかった。気になる人ではあったが、それは男性としてではなく、いつも大きなことばかり言っていたからだ。

その頃には店でいちばんの古株になっていた肇には、見かけによらず親分肌なところがあって、安月給の底をはたいてでも仕事帰りの夜中によくスタッフを食事に連れていった。

そういう席で、肇はやたらと大ボラを吹いた。30歳までにフランスに渡るとか、35歳で自分の店を持つとか、超一流の料理人になるとか。本気とはとても思えないような夢を、いつも語った。

陽子は何を言っているのだろうと思った。シェフや肇には悪いけれど、そんな夢は何十年この店で頑張ろうともかなうわけがない。料理をしている彼の手の動きの速さとか、料理にかける集中力や気迫は、確かに尋常ではない。それは料理の素人の自分にも、おぼろげながら理解できる。けれど、そのこととフランス留学とか独立とか超一流とかいう肇の夢とはまったく別の問題だ。安月給という言葉すらもおこがましいような薄給で、朝早くから夜遅くまで一心不乱に働く彼らを尊敬はする。よくあそこまで仕事に打ち込めるものだと感心もする。おかげでサービスを担当する自分は、しばしばお客様から感謝の言葉を頂いていた。よほど料理が好きなのだろうとも思う。

けれど、いやだからこそ、言っては悪いが、こんな小さな店で働く日常に縛りつけられている彼がフランス留学なんてできるわけがない。それは虚しいただの夢だ。いったい、この人は何を言ってるのだろう。バカにする気持ちも、蔑《さげす》む気持ちもなかった。ただ彼のその理想と現実のギャップの大きさに、開いた口が塞がらなかった。毎日のように同じことを言うものだから、そのうち右から左に聞き流すようになった。

ところが、この人は本当にフランスに行ってしまうらしい。

しかも、ギリギリとはいえ30歳までにフランスに渡るという大ボラ通りに（それは肇が30歳になる直前の夏だった）。米田肇はホラ吹きだという自分の認識は、間違いだったかもしれない。

（あ、1個ほんとのことをやった）と、思った。

厨房に充満していた、パンの焼ける香ばしい匂いが突然鼻先に蘇った。彼は焼き上がったパンを、焼いたブーランジェに断りもなくむしゃむしゃと食べていたっけ。猛烈に忙しかったけれど、なんだかとても充実していたあの時期を思い出した。

気がついたら、返信のメールを送っていた。フランスへ旅立ってしまう前に、もう一度あの眉毛の濃い顔を見ておきたいと思った。

第五章　ハジメ・ヨネダは日本のスパイである。

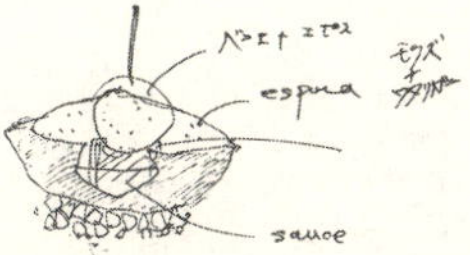

コート・ダジュール（Côte d'Azur）を青い海岸とせずに紺碧海岸と訳したのは、青を意味するアジュールが古い時代のフランス語で、現在では地名とか紋章学以外ではあまり使われない言葉だからだろう。この訳が絶妙なのは、紺碧という文語が単なる青ではなく深みのある濃い青を指すところにある。青い海岸と直訳するよりも、紺碧海岸といった方が数段深みのある色をした海を連想させる。

そういう地名からの連想はたいてい裏切られるものだけれど、コート・ダジュールは例外だった。あまりの美しさに、海を眺めているだけで涙がこぼれそうになる。海だけでなく、その海に面した街並みも、営まれる人々の暮らしまでもが美しかった。

ゴミゴミとした日本で、朝から晩まで暗い厨房に籠もっていたのが、肇には途方もなく遠い昔のことのように感じられた。ほんの1週間前までそこにいて、悶々とした気持ちを抑えつけながら、人参だの玉葱だのを剝いていたというのに。

紺碧の海を見下ろす道路際の階段に座って、やけに青い空を見上げたり、フランスパンのサンドイッチを頬張ったりしながら、肇は日本のことを思い出していた。彼がいたのはコート・ダジュールに面したアンティーブという街だ。西に下ればカンヌ、東に上ればニース、ニースを越えてさらに東へ30分もクルマを走らせればモナコという映画みたいなロケーションだ。

肇はこの街の家庭にホームステイして、語学学校に通っていた。期間は3ヶ月。フランスで料理修業を始める前に言葉を少しでも身につけておきたかったのだ。わずか3ヶ月でどれほどの効果があるか心許なかったが、何もしないよりはましだろう。おかげで日本を発ってから、まだ一度も包丁を握っていない。

こんなにゆっくりするのは久しぶりだった。

「いや、なんだかんだいってても日本でいっぱいいっぱいになってたんです。学校を卒業してから3年半、朝から晩まで働き詰めに働いて、身も心もすり減ってたんだと思います。自分はほんとうにこの仕事好きなんだろうかって思ったことも、正直言えば何回もありました。張り詰めた気持ちにぽっかりと穴が空いたというか、あそこでちょっと気持ちに余裕ができたんだと思います。空と海がすごく青くてね。その階段に腰掛けて、サンドイッチ食べながら、自問自答したんです。なんのために自分はここに来たんだろうかとか。自分はほんとうにこのまま料理の道を進んでいいんだろうかとかね。いろんなことを考えました。それで最終的に思ったことは、やっぱり自分は料理が作りたいってことだったんです。それは、すごく鮮明に思いました。ああ、自分は料理を作りたいんだなって」

少年時代からの夢とはいえ、順調だった仕事を辞めて20代も半ばを過ぎて料理の世界へ飛び込んだのだ。気負いもあっただろうし、彼自身の性格もあっただろう。日本のフランス料理店で修業を始めてからの3年半、肇は寝る時間まで切り詰めて無我夢中で走り続けてきた。それはただの若者が料理人の卵へと生まれ変わるためには、どうしても必要な時間ではあった。けれどその代償として、彼の心はいつの間にか硬く凝り固まっていたのかもしれない。

南仏の太陽は、肇の心を柔らかく解きほぐしてくれた。よく頑張ったご褒美なのか、料理の神様は肇に一つ思わぬプレゼントを用意してくれていた。

ホームステイ先の夫人の作る料理が素晴らしかったのだ。

それほど凝った料理ではない。普通の家庭料理だった。ただ、とても美味しかった。とりわけ、野菜を使った料理が印象的だった。とにかく使っている野菜が新鮮で、しかも味に力があった。一般的にフランスの野菜は日本の野菜に比べて味も濃くて美味なものが多いが、その家の野菜はさらに別格だった。

話を聞いてみると、それもそのはずで、そのホームステイ先の主人の本業は、モナコのモンテカルロにあるルイ15世の名を冠した有名なレストランに野菜を卸している青果店だったのだ。ホームステイ先の条件として、食事の美味しい家という希望を出してはいたのだが、それがまさかそんな家だなんて、さすがの肇も想像もしていなかった。

フランス料理の好きな人なら、料理の神様の贈り物なのではないかという説をきっと支持してくれるに違いない。ルイ15世の名前を冠したモンテカルロのレストランとは、もちろんオテル・ド・パリ内にある『ル・ルイ・キャーンズ（Le Louis XV）』のことだ。

天才の名をほしいままにしたアラン・デュカスが33歳にして史上最年少でミシュランの三つ星を取った、まさにそのレストランだ。肇はその3ヶ月間毎日、三つ星の『ル・ルイ・キャーンズ』で出されるのと同じ野菜を食べていたというわけだ。

3ヶ月の語学留学を終えていったん帰国した肇は、翌年2月にふたたび渡仏する。最初に修業に入ったのは、中世・ルネッサンスの古城で有名なロワール渓谷にあった『べルナール・ロバン』。伝統的なジビエ料理で名を知られた、二つ星のレストランだ。

フランスの水が、肇には合っていたのだろう。食べ物はもちろんのこと、人とのつきあい方とか、人と人の距離感とか、あるいは文化や教育問題から政治にいたるまで、あらゆるフランス的なるものに感化された。「あの頃は、完全にフランスかぶれでした」と肇は笑うけれど、彼の持っている本来の性格の中には、日本よりもフランスで開花しやすい部分があったのかもしれない。

厨房でフランス人と一緒に働くようになると、この傾向はさらにはっきりする。出る杭は打たれるのが日本だとしたら、フランスは出る杭に光が当たる国だった。

3ヶ月間の語学学校くらいでは語学力に目立った進歩はなかった。最初は「私はヨネダハジメです」と名乗るのがやっとという状態だったにもかかわらず、コミュニケーションで苦労した記憶はほとんどない。厨房で仕事が始まってしまえば、難しい言葉など要らなかった。日本人だろうがフランス人だろうが、することにそれほど大きな差があるわけではない。

要するに、フランス料理を作っているのだ。

シェフやスタッフの動きを見ていれば、次にどう動くか、何を必要としているか、そして自分は何を手助けできるかくらい、だいたいわかる。自分が話す言葉は「Qu'est-ce que je fais?（私は何をすればいい？）」だけで充分だった。手が空いたらとにかく忙しそうにしている人の隣に立って「ケスクジュフェ？」と聞いて回った。

「ケスクジュフェ？」

「これ（切って）！」

「ケスクジュフェ？」

「魚の骨（抜いて）！」

「ケスクジュフェ？」

「掃除！」

そうやって、一日中休みなく働いた。

言葉が通じる日本のレストランの厨房では、1年3ヶ月も何もできずに突っ立っているしかなかったのに、通じないここでは厨房に入った最初の日から何の迷いもなく動くことができた。もちろんそれは、何もできずに突っ立っていた日々があったからなのだが。肇は、水を得た魚だった。

「ロワール渓谷は世界遺産に登録されているくらい、昔のお城が無数にあるところです。そのお店の近くにも、シャンボール城というこの世のものとは思えないほど美しい古城があるんだけど、オーナーのベルナール・ロバンさんは、そのお城にエリザベス女王とダイアナ妃が来たときの晩餐会を仕切ったこともある有名なシェフです。いかにもフランスのシェフという感じのごっついカラダをした人で、よく怒るからフランス人のスタッフはびびってたけど、私はすごくかわいがってもらいました。『厨房から食材を持って帰って料理の練習していいから』って言ってくれたり、私にクルマがないってわかるとクルマを貸してくれたり、休日には奥さんと二人であちこち遊びに連れていってくれたり。日本とぜんぜん違うなって思ったのは、何よりもまずすべてがオープンなことです。たとえば私が日本で最初に修業した店では、料理の味見は一切禁止だった。ソースを作った鍋を洗い場に出すときも、シェフは必ず鍋の底にピッと中性洗剤をかけてました。鍋底のソースを一口舐めてみたくても、舐められないわけです。だけどロバンさんは、僕が行ったその日から、『これ食ったことあるか』『これ味見してみろ』って、どんどん持ってきてくれるんです。秘密は何もなし。どんなことでも気前よく教えてくれた。厨房の雰囲気が日本とはまったく違ってました」

ジビエで有名な店で、猪も自分たちで解体した。猟師が撃った猪を一頭丸ごと厨房に運び込んで解体するのだ。２００キロを超える巨大な猪を解体したこともある。

その手順も、面倒がらずに全部きちんと説明してくれた。日本なら「新入りは黙って最初から最後まで見とけ」などと言いそうなところだけれど、ロバンの店は違った。細かいところまで「こうやるんだぞ」と、丁寧に教えてくれる。もちろん「黙って見ていろ」という教え方にもそれなりの長所はあるに違いない。どちらがいいとか悪いとかいう問題ではない。それが文化の違いということなのだろうが、少なくとも肇はフランス人たちのやり方が好きだと思った。

「厨房には猪専用の大きなまな板がありました。猪が運ばれてくると、まずみんなでそのまな板の上に猪をお腹を上にして載せます。足から皮を全部剝がしていくんだけど、猪の毛の中に寄生虫がいて、『これが人間の体内に入ると死んじゃうから気をつけろ』なんて言われながら、皮を剝いでいくんです。剝ぎ終わると、ちょうど毛皮を広げた上に皮を剝いた猪を置いたみたいになって、そこから解体が始まる。内臓をこう抜いて、首をこう落としてって、決められた手順と準備があって、そういうのも全部教えてもらいました。こうやって話すと、残酷な感じがするかもしれないけれど、実際にその場にいると、そういう感じじゃないんですよね。手際がすごく良くて、動きに無駄がなくて、血もたくさん出るんだけど、周りをほとんど汚さないし、『ああ、この人たちはこうやって大昔から猪を食べてきたんだなあ』って感心して見てました。まあ猪の解体はそこまで頻繁にはないけど、野ウサギは週に50羽くらいさばいてました。肉を熟成させるせいか、ものすごいにおいなんです。フランス人も『オエー』ってなるくらい。これを使った、リエーヴル・ア・ラ・ロワイヤルっていう伝統的な料理があって、作り方はいろいろあるんだけど、私がその店で教わってよく作っていたのは、19世紀に考案された古典的な方法でした。簡単に説明すると、まず野ウサギを解体するんです。50羽解体すると、内臓がそこの大きなテーブルに山盛りくらいになる。その肺とレバーと腎臓をミキサーに入れて、ニンニクとパセリと赤ワインビネガーとコニャックを加えてペーストにして……」

見るもの、聞くもの、味わうもの、何もかもが物珍しかった。

フォアグラもトリュフも、あるいは野ウサギにしても猪肉にしても、日本で見たことがないわけではなかったけれど、ここで見るのは別物だった。それは遠い異国から運ばれた宝石のように貴重な食材などではなかった。この大地で生きた先人たちが、何十世代にもわたって格闘し続けてきた荒々しい自然の産物だった。

一つの国の料理には、その国の文化のエッセンスが凝縮している。肇は料理を学んでいたというよりも、フランスの文化そのものを自分の血肉としていった。

「カラカラに乾いたカラダに水がどんどん染み込んでいって、いくら飲んでも渇きがおさまらないという感じだった」と肇は言う。命からがらオアシスに辿り着いた砂漠の旅人が水を貪り飲むように、経験するあらゆることから学んでいった。

肇は基本的に、時間を無駄に過ごすということがない。母親の和子によれば、親が心配になるくらい、ゆっくり休むということがない。実家にいても、横になってテレビを観るとか、だらだら何もせずに過ごすという姿を見たことがない。寝食を忘れ、いつも何かに夢中になって取り組んでいるという。まして、そこは長年夢見てきたフランスのレストランなのだ。肇があらゆる機会をつかんで、片時も休むことなく、フランス料理とそれをとりまく文化を吸収していったことは疑うべくもない。

それは肇がフランス人のようになってしまった、ということではない。

フランスの厨房の雰囲気でもう一つ違うのは、仕事の役割分担がはっきりしていることと、できるだけ労働時間を短くしようとすることだった。だから、日本では考えられないことだが、客がまだ料理を食べていても、厨房のスタッフはそれぞれ自分の仕事が終われば帰ってしまうということがよくあった。食事を終えた客が厨房を覗いたら、誰もいなかったなどということも珍しくない。

その習慣にだけは、馴染めなかった。自分の仕事が終わったら、肇はいつも誰か他の人の手伝いをした。厨房で最後まで仕事をするのはパティシエだから、最後はたいていデザート作りを手伝っていた。菓子作りを学ぶチャンスなのに、それをせずに帰ってしまう他の同僚たちが信じられなかった。

手伝うことが何一つなくても、やることはいくらでもあった。ソースの作り方にしても、肉の焼き方にしても、一つの方法を学んだら、彼の場合はそれで終わりということはない。そこが、スタートだった。次はその方法の分析と、彼なりの改良が始まる。

今日覚えた方法でこの肉に火を通すと、なぜこう焼けるのか、なぜこういう味になるのか、それが最善の方法なのか。この焼き方はこう改良できるのではないか……。考察を重ね、試作し、失敗し、また試作する。シェフから貰った肉の切れ端を焼き、温度を測り、記録を取る。たとえばそういう作業を、飽きることなく繰り返した。誰もいない厨房は、肇の実験室だった。

そして休日はできる限り、あちこちのレストランを食べ歩いた。

ただ食べるわけではない。彼にとって、レストランでの食事は思索と瞑想の時間でもあった。目の前に置かれた一皿を味わい、観察し、分析し、さらにそこから思索を広げていく。それは時には具体的なテーマ、たとえばテーブルクロスの質感が店の印象に与える影響についての考察であったり、あるいはビールのグラスを男性用と女性用で変えると面白いのではないかというアイデアであることもあれば、そこから飛躍して、人間にとって料理とは何かとか、美味しいとはどういうことかというような抽象的、哲学的な思索に進んでいくこともあった。

そして夜は自分の部屋で、今日一日の間に学んだり考えたりしたことを、テーマごとに分けてノートにまとめていった。学校時代と違うのは、パソコンを持っていかなかったから、文字も料理のスケッチもすべて手書きだったというところだ。

その料理のスケッチが素晴らしく美しいのだ。

彼の料理が美しいのは、つまりこういう絵が描けるからなのだと改めて思う。食事中にスケッチをすることはできないから、紙ナプキンなどにメモ程度のラフスケッチを描くくらいで、基本的には記憶だけで描いていた。その労力だけを考えても、彼がどれだけ真剣に料理に向き合っていたかがわかる気がする。

カメラは使わないというのも、いかにも彼らしい。

料理を作った人への礼儀ということもあるのだろうが、それよりも自分の手で描くことによって料理を再構成し、脳裏に深く刻んでいたのだと思う。

肇の仕事ぶりが、厨房の他のスタッフを凌駕したのもまた、考えてみれば当たり前のことだった。

ある程度の規模以上のレストランになると、スタッフを肉料理担当とかデザート担当というように、担当する役割ごとにチーム分けをして、それぞれのチームにシェフ・

ド・パルティ、すなわち部門シェフというリーダーを置くということは前に書いた。『ベルナール・ロバン』にも何人かのシェフ・ド・パルティがいたのだが、そのうちの一人、完璧主義者の魚部門担当シェフが突然店を辞めたとき、ムッシュ・ロバンが次の魚部門のシェフに指名したのは肇だった。肇が彼の下で働くようになってから、2ヶ月しか経っていなかった。給料についても、それまでは研修生という資格で働いていたのでほぼ無給だったのだが、このときから払ってくれるようになった。

「2ヶ月目で、まだ言葉もあまり通じない頃です。不安はありましたけれど、考えてみればフランス人ってすごいですよね。そういう私を、魚部門とはいえシェフにしてしまうんだから。神戸時代の経験があったからソース作りには自信がありました。多少違った材料を使うとしても、基本的な作り方に大きな違いはない。なめらかにするにはどうすればいいかとか、美味しいソースを作るコツも同じです。『こういうソース作ってみろ』といわれて作ったソースはいつもロバンに『エクセレント!』と褒められてたから、とにかく自信を持ってやるしかないと思って夢中でやっていました。厨房にいた誰よりも、真剣に仕事をしてた自信はあります。

それは、大阪で最初に修業に入ったあの店のおかげです。あの店で習ったのは掃除の仕方だけだなんて言いましたけど、真摯に仕事に向き合うということを学んだのは、あの大阪の店でした。それまでは何でも、まあちょっと頑張ればできてしまったけれど、自分の命と引き替えにするくらい真剣にならなければできないものがあるということを教えてくれたのは、あの大阪のシェフでした。そういうことは自分でも気づかないうちに身についていたんですね。相手がロバンでも、仕事がいい加減だと怒鳴ったりしてましたから。彼が焼いたエビを『こんなもん使えるか』って、フライパンごと投げ返したこともあります。『研修生がシェフに鍋を投げ返すなんて信じられない』って、カンカンになって怒ってたけど、クビにはされなかった」

そういうある晩、ミシュランの調査員が『ベルナール・ロバン』にやって来た。

ミシュランは覆面調査だから、その調査員もミシュランの人間だと名乗ったわけではない。それでも星をいくつか取っているようなレストランは、毎年彼らの訪問を受けているわけで、調査員が来ればたいていすぐにわかってしまうものなのだ。まあ、星のつくようなレストランに、一人でふらりと食事に来る客はそう多くはないから、気がつかない方がどうかしているとも言える。

その晩も、サービススタッフがいちはやくミシュランの人間の来訪を告げ、厨房には一気に緊張感が漲った。その、一応は覆面の調査員が『今夜は魚が食べたい』と言い出したからだ。

ジビエの店で、なぜ魚料理を注文したのかはよくわからない。ジビエ料理は調査済みだったから、魚料理のチェックをしたのか、それとも『ベルナール・ロバン』は近頃、魚料理も美味しいという評判を誰かから聞き込んできたのか。言うまでもないが、魚料理の部門シェフは肇だった。

「シェフもスー・シェフも飛んできて『気を抜くな』とか『慎重に』とか、隣で大騒ぎでした。面白いことに『俺がやる』とは言わない。『魚担当はハジメなんだから、相手がミシュランだろうが何だろうが、ハジメが作る』ということなんでしょうね。うるさいなあと思いながら、いつもの料理を作って出しました。いつだって全力で、自分にできる最高の料理を作ってますから、お客さんが誰であろうとそれ以上の料理を作ることなんてできません。まあ盛りつけはいつもより慎重だったかもしれないけれど」

しばらくして、サービスのスタッフが満面に笑みを浮かべて皿を下げてきた。

「『すごく美味しいって言ってます』って。『ハジメ、でかした』って、シェフが顔をくしゃくしゃにして喜んでくれました。あれは、いい思い出です」

『ベルナール・ロバン』はジビエの専門店だが、魚料理も美味しい。

ミシュランと並び称されるフランスの有名なレストランガイド、『ゴー・エ・ミヨ』にまでそう書かれるようになったのは、そのすぐ後のことだった。

禍福はあざなえる縄のごとしという。

不幸と幸福は撚《よ》り合わせた縄のように分かちがたく絡み合っている。幸せの絶頂の中に災いの種があり、災いは転じて大きな幸福を呼び寄せる。目先の不幸や幸福に一喜一憂するのは間違いだ、ということなのだろう。

不幸と幸福はトンネルの入り口と出口のようなもので、それは二つの別々のものではない。視点を少し後ろに引いて、不幸と幸福を、ひとつながりの経験として見るなら、幸福がそうであるように不幸もまたかけがえのない人生の一部なのだ。

フランスへ来てからずっと順風満帆だった肇の人生が、猛烈な逆風に晒されることになったのも、そもそもは一つの幸運な出会いからだった。

その休日、肇は友人と二人で店からクルマで30分ほどの距離のブロワ市の中心街へ出かけた。ちなみに、フランスの田舎の交通事情は大雑把に北海道の田舎と似ている。つまり道路は比較的きちんと整備されていて、しかも交通量が少なくて信号もない。ゆえにとにかくみんなクルマを飛ばす。フランスの田舎の「クルマで30分」は、時速150とか180キロで飛ばして30分ということだから、ちょっとしたドライブだ。

それはいつものレストラン巡りで、肇はブロワ市にある2軒の一つ星レストランのうちの一軒を訪ねたのだった。ところが、目当ての店は閉まっていた。仕方がないので、旧市街にあるというもう一軒の一つ星レストランに行ってみることにした。旧市街でクルマが乗り入れられなかったから歩いて行ったのだけれど、目指す住所にあったのは、開いているのかどうかもわからないような、小さくて風采のあがらない、いかにも流行っていなさそうなレストランだった。店の前に飾られたメニューには蜘蛛の巣まで張っていた。ミシュランはほんとうに、こんな店に星をつけたのだろうか。首を傾げながら中を覗くと、料理人が働く姿が見えた。とりあえず営業はしているらしい。まあ、あまり期待はできないけれど、せっかく来たのだからと店に入った。

その料理に衝撃を受けた。何よりまず、食材の組み合わせがユニークだった。今まで夢の中でさえ想像したこともないような食材と食材を組み合わせて、美味しい料理に仕上げていた。世界は広い。こんな料理を作る人がいたのだと思った。

店の名は『オー・ランデヴー・デ・ペシュール』、漁師たちのたまり場とでも訳せばいいだろうか。その名の通り魚料理が売り物で、前菜からメインディッシュまでのほとんどが海産物を使った料理だった。

「たとえば普通のコーヒーカップのような器に、マッシュルームで出汁を取ったラングスティーヌ（手長エビ）のスープが入っていて、ブロッコリーで作ったアイスクリームが載っているとか。なんでブロッコリーのアイスなんだよって思いながら、食べたらこれが美味しいんです。そういう料理がどんどん出てくる。なんで、この食材にこの食材を持ってきてるんだと。ロワール川で獲れたウナギの皮を剝いて、表面に切り目を入れて塩胡椒して焼いたものに豚足を合わせて、そこにプルーンを持ってきて、ミントの葉を間にはさむとか。見たら、えっと思うような。どこからその発想が来るのか、まったくわからない料理です。でも、すごく美味しいという。どうしてこんな組み合わせで、こんなに美味しくなるんだろう。インスタントのスープの素でも使ってるんじゃないか。でも、もし、万が一使っていたとしても、それでも自分はこの店の料理が好きだと思えるくらい好きになってしまったんです。もちろん、実際にはそんなもの使ってませんけれど。それからほとんど毎週のように食べに行くようになって、結局11回食べに行った。そしたら最後のときにシェフが出てきて『もうお前に喰わすものがないから、厨房で賄いを喰ってけ』と言われました」

クリストフ・コムという名のそのシェフは、肇が料理修業の身であることを察していた。

「どこで働いている？」と問われて、『ベルナール・ロバン』で働いていると答えると、コムが何気ない調子で聞いた。「じゃあ、次の就職先は探しているの？」

フランスでは、料理人が短期間で店を転々とするのは珍しいことではない。いろいろなタイプの店を経験することそのものが修業になるからだ。肇もそのつもりだった。『ベルナール・ロバン』の次は、こういう店で働きたいと思っていた。ジビエの次は、魚だ。

咄嗟に「この店で働けますか？」と口走っていた。ムッシュ・コムはその言葉を待っていたのかもしれない。満面に笑みを浮かべた。

彼も人手が必要だったのだろう。『オー・ランデヴー・デ・ペシュール』は小さな店で、厨房のスタッフは5人ほどだった。人の出入りの多いこの業界では、熱心で腕のいい料理人は宝物なのだ。

なにしろ何十キロもの距離を厭わずに、3ヶ月間毎週食べに来た男だ。熱心さは、すでに証明されている。残るは腕だ。

「この魚をさばいてみて」

言われるままに、まな板の上の魚を三枚におろした。

魚は神戸の店でもさんざんおろしたが、フランスに来てから魚の扱いにはさらに磨きをかけていた。シリュールと呼ばれる巨大なナマズを、ロバンの店ではよく賄い料理として食べていた。大きいものだと体長が2メートル近くにもなるその魚を何匹もさばきながら体得したテクニックだ。

簡単に言うと日本では魚をおろすときに、まず腹から包丁を入れ、次に背、さらに魚をひっくり返して背、そして腹と包丁を入れる。これを、魚をひっくり返さずに、背中側から包丁を入れて1回でさばいてしまう方法を肇は磨き上げたのだった。2メートルもある魚をひっくり返すには何人もの人手がかかるから、ひっくり返さないでさばくわけだが、そのテクニックはもっと小さい魚にも応用できた。

「丁寧な仕事をしろと言われると、経験の浅い料理人はどうしてもゆっくり包丁を動かそうとするけれど、それは間違いなんです。魚をおろすときは、魚を返す回数を少なくしてスピードを速くした方がいい。その方が仕事としては丁寧になるし、おろした魚の断面も綺麗です。時間をかけてゆっくりやるのが丁寧な仕事というわけではない。丁寧に打てと言われて、バットを遅く振るバッターはいませんよね。それと同じことです」

魚は瞬く間に、美しい3つのパーツに切り分けられた。

肇の手際をじっと見ていたムッシュ・コムは言った。

「魚料理のシェフをやってくれないか」

魚料理が売り物のレストランなのに、いきなり魚部門のシェフに抜擢するという。こんな幸運があるだろうか。毎週通い詰めて食べたインスピレーションに満ちた料理の数々が頭に浮かんだ。あの料理を作るシェフの下で仕事ができるのだ。コムは、事務的な話だけれどと言って後を続けた。

「ところで、君は正式な労働許可証を持ってるの？」

肇は首を横に振った。肇が『ベルナール・ロバン』で修業することになったのは、日本の研修斡旋会社の斡旋だった。研修生という立場だから、入国するときのビザも研修生ビザだった。その『ベルナール・ロバン』の研修期間は12月23日で終わることになっていた。事情を話すと、コムが労働許可を申請してくれることになった。労働許可の申請は、雇用主がすることになっていたのだ。

労働許可証が簡単に取れるものでないことは肇も知っていた。移民問題と高い失業率に苦しむフランスは、今や世界で最も労働許可を取るのが難しい国の一つだ。

けれどどんなに難しくても、とにかく難しいということはつまり、不可能ではないということだ。そして労働許可証があれば、どこのレストランであろうと堂々と胸を張って働けるのだ。正式な労働許可を取って働くなんて、ムッシュ・コムに言われるまでは考えたこともなかったけれど、それが正しい道であることは明らかだった。正しい道を正々堂々と歩くのが、自分の性に合っている。それは、幼い頃から父親に叩き込まれた教えでもあった。

『ベルナール・ロバン』での研修期間は終わったのだ。これからは、日本から料理を学びに来た研修生としてではなく、一人のプロの料理人としてきちんと給料を貰って、フランス人たちと対等に働きたい。腰を据えて、何がなんでも労働許可を取ってやろうと肇は心に決めた。

当面の最大の問題は、お金だった。労働許可が下りて『オー・ランデヴー・デ・ペシュール』で働けるようになるまでは収入がゼロになる。『ベルナール・ロバン』には寮もあったし、一日3食賄い付きだった。週末の食べ歩きと、料理の本を買う以外に金を使うこともなかったから貯金はあったのだが、これからは、労働許可証の出る日まで、その貯金を切り崩して生活するしかない。1ユーロの無駄遣いもできなかった。肇はブロワ市の郊外に引っ越しをした。

その頃から、風向きが変わり始めた。後ろから吹いていたそよ風が、気がつけば正面から吹きつける雨まじりの強風になっていた。

都市の郊外を、フランス語でバンリューという。

美しい街路樹や、閑静な住宅街を思い浮かべてはいけない。そういうタイプのバンリューもないことはないが、普通にバンリューといったときに現代フランス人が頭に思い浮かべるのは、立ち並ぶ低所得者世帯向けの公営住宅と、スプレーの落書きで埋め尽くされたコンクリートの壁だ。

住民の多くはフランスの旧植民地、つまりモロッコやアルジェリアなど北アフリカからのアラブ系住民や、セネガルやギニアなどサハラ砂漠以南のアフリカからの移民たちだ。治安はかなり悪い。移民である彼らの多くが、そういう劣悪な環境で暮らすことを余儀なくされている。

渓谷に点在する何百もの中世の美しい城で有名なロワール地方は、世界遺産にもなっているということは前にも書いた。その県庁所在地であるブロワ市は、ロワール川を見下ろす高台にあるブロワ城という名城で知られた美しい街だが、郊外にそういう地域が広がっているのもまた21世紀初頭のフランスの現実なのだった。

肇が引っ越したアパートは、ブロワ市のバンリューにあった。公衆電話はたいてい壊されていたし、乗用車がひっくり返って燃えていても、たとえどこかで銃声がしても、それが自分のすぐ近くでなければ、誰も驚かないような地域だった。

ただ、肇は怖いとは思わなかった。正道会館を辞めてからも鍛錬を怠っていなかったから、肉体的にも精神的にもどんな相手が来ようといつでも闘える状態にあった。そして、それは相手にも伝わるのだろう。パリに行ったときも、絶対に近づくなと言われているような危険地域にも平気で足を踏み入れたが、一度も危険な目に遭ったことがない。

それに、彼は界隈の強面連中から一目置かれていた。近所にボディガードを生業とするマイク・タイソンみたいな身体をした黒人の集団がいた。何かのきっかけで肇が日本で空手の修行をしていたことをその中の誰かが知って、肇に話しかけてきたのだ。

「あんたほんとに強いのか？」

肇は黙って、右の正拳で堅い地面を突いた。渾身の力を込めた。鈍い音がしただけだが、どれほどの力で突いたかは彼らにも伝わったらしい。誰かが生唾を呑み込む音がした。よほどの修練を積まなければ、そんなに強く地面を突けるものではない。普通なら指の骨が折れていただろう。

その日以来彼らは肇を「センセイ」と呼んで一目置くようになった。イベント会場でもどこでも、肇を見つけると「センセイ、こっちこっち」と呼んで勝手に入れてくれようとするので困ったくらいだ。もっとも、そういうことがなかったとしても、彼には街の治安のことなど気にしている精神的余裕はなかった。肇は労働許可を取ることに没頭していた。

「県庁は絶対に労働許可は出さないって言ってるわよ。ヨネダハジメという日本人が、ここまで労働許可証に執着するのは何か理由があるはずだ。彼はスパイなんじゃないかっていう人もいるらしい」

そう教えてくれたのは、県評議員のファビエンヌ・ユニーだ。彼女は『オー・ランデヴー・デ・ペシュール』の常連客で、肇の心強い支援者だった。

クリストフ・コムが2003年の12月に県の労働雇用職業訓練総局（DDTEFP）に申請した肇の労働許可は、2ヶ月も待たされた挙げ句却下された。この地域に70人の失業中の料理人がいる、というのが理由だった。コムはそれでも諦めずに、国の機関である労働基準監督署（DDTE）にも掛けあってくれた。

労働許可の申請と簡単に書いたけれど、その申請の手続きからして煩雑だ。労働契約書に雇用を保証する雇用誓約書、住宅調書、採用の理由陳述書、納付金支払誓約書など、何種類もの書類を提出しなければならない。ちなみに納付金とは、外国人を雇用する人が自治体に納付する金のことだ。わかりやすくいえば、外国人を雇うには、給料以外にも余計な金がかかる。さらに雇用主は職業安定所などに求人を出して、その職にフランス人の適格者がいないことを証明する必要があった。

それでも雇いたいという強い動機が雇用主の側になければ、そもそも始まらない話なわけで、この煩雑な手続きそのものが労働許可を取得したい外国人にとっては高い壁になっていた。ムッシュ・コムはそこまできちんとやってくれたのだった。

にもかかわらず２００４年３月に、申請はまたしても却下された。

法律の求める要件はすべて満たして申請しているのに、なぜ却下されるのか。肇にはそれがどうしても納得できなかった。思い余って、日本大使館にまで電話をかけた。

「それはフランスの国内問題であり、日本大使館として協力できることは何もない」という予想通りの受け答えのあとに、あくまでも個人的な意見だがと、その電話に出た担当者がつけ加えた。

「私はあなたのようなケースで、今までにフランスで労働許可が出たという話を聞いたことは一度もない」

要するに、諦めろといっていた。

そんなことで諦める肇ではなかった。

フランスでできた友人、知人、顔見知り、手当たり次第、というと言葉は悪いが、会う人ごとに相談をもちかけた。ファビエンヌも、その頃に知り合った人だ。

この時期の肇には、『オー・ランデヴー・デ・ペシュール』に顔を出して、労働許可が出たかどうかを聞きに行く以外にすることがなかった。その帰りに、店の裏でジャガイモの皮剝きや皿洗いを手伝って、みんなと一緒に賄い料理を食べさせてもらうこともあったけれど、そう毎日というわけにもいかない。食費は一日200円以内と決めた。1本何十円かのパンと、向こうが透けて見えるような薄っぺらな豚肉が2切れ入っている豆料理の缶詰を何日かに分けて食べて、食費を切り詰めた。家賃を節約するために、アパートの中でもいちばん狭い、粗末な部屋に替えてもらった。部屋といっても日本でいえば四畳半一間、ベッドはもちろん、家具も何もないがらんどうだ。さすがにコンクリートの床に直接寝るのはつらいから、マットレスを敷いて寝た。することが何もない日は、その何もない部屋でじっとしているしかなかった。頭がおかしくなりそうだった。

何もすることがないなら、フランス語でも勉強すればと手紙に書いてきたのは志水陽子だった。彼女は一度フランスに遊びに来たこともあったし、手紙のやりとりもしていたから、肇の置かれた状況を知っていた。肇の性格からして、何もせずにぶらぶらしているのがいちばんつらいはずだということを、よく理解していたのだ。その言葉に救われた気がして探してみると、地域の集会所で移民の人たち向けの無料のフランス語教室が開かれていた。肇は移民ではなかったけれど、置かれた状況は同じだった。なんとか教室に入れてもらえないかと頼みに行って会ったのが、県の評議員としてそのフランス語教室の世話役をしていたファビエンヌだった。

事情を説明すると、ファビエンヌはすぐに理解してくれた。そしてそういう事情ならと、フランス語教室に通うことを認めてくれた。それだけでなく労働許可の申請が却下され続けていることについても、親身になって話を聞いてくれた。労働許可を外国人に出す場合には、雇用主が地元の新聞や雑誌に求人広告を出すことになっていた。その求人にフランス人が応募してこなければ、その外国人を雇ってもいいというわけだ。ムッシュ・コムはこの規定に従い求人広告を出した。そして2ヶ月間待った。ムッシュ・コムの必要とするレベルの料理人は、誰も応募してこなかった。それでも、役所は労働許可は出せないというのだ。肇が説明を終えたとき、ファビエンヌは怒っていた。

「それは、ほんとにおかしいわね」

その日から、ファビエンヌは肇の熱心な支援者になった。県の評議員としての人脈で、県知事を説得して推薦状を貰ったり、政治家や司法関係の有力者に肇を引き合わせたり、あらゆる手を尽くして、労働許可を出させるべく協力してくれたのだった。けれど、事態は好転しなかった。県知事の口添えがあっても、かならずしも話がいい方向に進まないのが個人主義の国フランスなのだ。あるいはむしろそういうことが、担当の役人を意固地にしたのかもしれない。

「知事が選挙で変わってしまったから、この推薦状は無効だ」

「責任者がバカンスに出かけたから2週間後にまた来い」

4ヶ月が過ぎ、5ヶ月が過ぎても、DDTEの対応は相変わらずだった。

その間に、ムッシュ・コムとファビエンヌの助けを借りて、肇は7回も労働許可の申請を繰り返した。

何回も申請すれば、受理される可能性が高くなるというものではない。むしろ、その逆だろう。役人にもプライドはある。役人からすれば、一度下した決定を覆すのは、自分の間違いを認めることに等しい。それでも、あまりにも肇が諦めないものだから、これには何か裏の事情がある。それで肇は日本の情報部員なのではないかという、荒唐無稽な噂話まで出来上がった。


肇はそれどころではなかった。一日200円の生活を続けても、貯金は確実に減っていく。延長した滞在許可の期限も、刻一刻と迫っていた。ブロワ市の郊外に引っ越してから半年後、2004年6月には貯金もほとんどゼロになった。ビザもついに期限が切れ、そこから先は労働許可が出ない限り延長のしようがなかった。

今や肇は不法滞在者だった。露見すれば日本へ強制退去処分となり、しばらくはフランスに入国することもできなくなる。帰国したら、ここまで粘ってきた労働許可の申請が無駄になる。とはいっても、待っていればいつかかならず労働許可が出るという保証があるわけではない。

いや、その可能性はきわめて低いといわざるをえなかった。それは肇にもよくわかっていた。最初は熱心に肇を応援してくれていたムッシュ・コムの態度も、時間が経つにつれて変わっていった。

「もうどう考えても労働許可を取るのは無理だ。いい加減に諦めて、他の道を考えた方がいい」

けれど、頼みの綱のコムにそう言われても、肇は諦められなかった。

その頃、フランスに届いた父親からの手紙が残っている。

ボンジュール　サバ　ムッシュ　ハジメ
その後、お元気ですか？　待つというのは我慢がいることですね。
労働許可証を待って、はや6ヶ月。よく辛抱してるね！
人が来るのを待つ、息子が帰ってくるのを待つ、返事を待つ、人が育つのを待つ、冬から春を待つ、人が待つことにはいつも期待が込められている。待つことには期限がある。待っていることから目を離さず、いつも神経を尖らせ、その事に期待し続ける。この経験はとても大きな、そして強い経験になると思います。

〝人事を尽くして天命を待つ〟という諺がありますが、私が大好きな言葉です。待つことにはいつも夢があります。生きる力がある。出来る限りの手を尽くして駄目なら、また、一からやり直せば良い。待っている事の副産物で絵の才能を発掘し、楽しそうな毎日を過ごしているようですが、いろんな事がまた、料理のエキスになると思いますので何事にも一生懸命頑張って下さい。

7月に行く予定でしたフランスは今の所、保留状態ですが、また、時期をみて計画を練り直します。

一日も早く労働許可証が認可されることを祈っています。
2004年06月08日

肇は手紙を折りたたんで、護符のように財布の中に入れて持ち歩いていた。幾度も開いては読み返したのだろう、折り目で紙が切れて、バラバラになりかけていた。肇はそうやって、遠い日本にいる父親の魂に触れていたに違いない。息子である肇から見ても、父は尊敬すべき人だった。

「父親のような大人になりたいとずっと思ってたんです。正義感の強い人で、『喧嘩をするなら自分より弱い相手とは絶対にするな』とか『男というものは権力に対して立ち向かわなきゃいけない』といつも言ってました。自分の会社の社長が相手でも、自分が正しいと思えばテーブルをひっくり返してでも反論するような父親でした」

その父親が体調を壊し、検査の結果、直腸に腫瘍が見つかったという知らせを肇が受けたのは6月のある日のことだ。腫瘍は悪性で、手術を受けなければならなかった。頭が真っ白になった。

日本人の約半分が癌になると言われている時代だ。医療技術の進歩した現代では、癌はかならずしも不治の病ではない。早期発見ならほとんどの癌が完治するし、そうでなかったとしても次々に開発される新しい抗癌剤や治療技術によって、癌を克服する人の数は年々増えている。かつて医師が患者に癌を告知するか否かが大きな議論の的になったこともあったが、今ではほとんど問題にもならない。医師は癌という病名を患者にはっきり告げるのが普通になった。癌はもはや、手の施しようのない病ではない。肇もそれくらいのことは知識として知っていた。

けれど、それが実際の問題として、父親の身を襲ったと聞かされるのは全然別のことだった。父親が死ぬかもしれない。そう考えただけで、心のどこかが麻痺したようになった。目の前の景色が、電話を受ける前とはまったく違って見えた。

死というものを、初めて意識したときのことを覚えている。肇は小学校3年生だった。枚方市の氷室台という住宅地に住んでいた頃のことだ。氷室台というくらいで、家は高台にあったから、学校からの帰り道にはかなり長い上り坂がある。

小学3年生の肇は、ある日その坂道を登りながら、ふと、こう思った。

「そうか。さっきの自分には戻れないんだ」

ほんの何分か前、自分は坂道の下の方を登っていた。その自分に戻ることは絶対にできない。ということに、唐突に気づいたのだ。

もちろん、その場所に戻ることはできる。けれど、戻っても、それはさっきの自分ではない。あのときの手の振り方、あのときの歩幅で、坂道を登っていた自分ではない。そもそも、さっきまではこんなことを考えてもいなかった。さっきの自分と、今の自分は違う。たとえ今からさっき自分がいた坂の下まで戻ったとしても、もうその自分はさっきの自分とは別のものなのだ。

それは、あまりにも当たり前のことだけれど、そのときまで世界をそんなふうに考えたことはなかった。

肇は時間の不可逆性をその坂道の途中で、生まれて初めて認識したのだった。

そしてその恐ろしさに、打ちのめされた。時は流れ去り、元に戻すことは絶対にできない。

過ぎてしまった時は、どれだけ時が流れようと、何万年、何十万年の時が流れても、未来永劫二度と戻ってくることはない。そのことが、怖くてたまらなくなった。

それが、人が死ぬことの本当の意味だ。起きてしまったことは、取り返しがつかない。死は永遠なのだ。

それから肇は、繰り返し、その恐怖に襲われた。普段は忘れていても、ふと思い出しては、心の奥底で戦慄していた。メメント・モリ。汝の死を想え。小学校3年生のそのとき、肇は死の本当の意味を知ったのだ。

ただし、それはあくまでも観念的な、いうなれば頭の中で考えた〝死〟だった。

正道会館に、肇が心から尊敬し慕っていた植田という先輩がいた。

ある土曜日の練習終わりに肇は、その植田先輩の背中をいつにも増して丁寧にマッサージした。翌日の日曜日、先輩が試合に出場することになっていたからだ。

「明日は頑張ってください」

そう言って先輩と別れ、休み明けの月曜日に道場に行くと師範や先輩が黒いスーツを着ていた。

「どうしたんですか？」

昇級試験でもあるのかと思って、何気なく聞くと、前日の試合中にその先輩が亡くなったのだと告げられた。脳挫傷だった。最初は何かの間違いかと思った。あの人が、もはやこの世に存在していないという現実を受け入れることができなかった。

それでも時間の経過とともに心がだんだん落ち着いて、その避けがたい出来事を事実として受け入れるようになると、今度は何もかもが嫌になった。

まず何よりも空手に、興味がなくなった。空手の話をするのさえ嫌になった。あんなに好きだった空手、寝食を忘れて練習に打ち込むほど好きだった空手への興味を失い、何をしていいかがまったくわからなくなった。本を読むことすら億劫になった。その人と一緒に、心の一部が死んでしまったような感じだった。

現実の人の死は、想像したよりも遥かに重いものだった。

そして今度は父だった。

人は必ず死ぬ。そんなことは誰だって知っている。であるなら、普通に考えれば、いつかはこういう日が来るであろうことは、わかっていた。

けれど、それが現実になる日が来るなんて、どういうわけか、考えてみたこともなかった。いざ実際にそうなってみると、何も考えられなかった。

父親からのその手紙が届いたのが先か病気の知らせを受けたのが先か、今となっては肇にも曖昧なのだが、少なくとも手紙を書いたとき、父親が自分の病気のことを知っていたのは間違いない。父は医者から直接告知を受けて、息子の暮らすフランスへの旅行の計画を延期したのだ。

にもかかわらず、手紙の文面には一言もそのことは書かれていなかった。父親は肇のことだけを気遣っていた。肇はすぐにでもこの父の元へ、日本に飛んで帰りたかった。

いや、こういうときでもなかったら、まっしぐらに帰っていたはずだ。ところが間の悪いことにビザが切れ、肇は不法滞在者になっていた。そのまま出国すれば、不法滞在者のペナルティとしてしばらくはフランスに再入国できなくなってしまう。年齢を考えれば、それはフランス料理の修業をここで断念するのと同じことだった。

フランス料理以外に自分の進むべき道があるとは思えなかった。その本場であるフランスでの修業を中途半端なまま終わらせるくらいなら、料理人になることそのものを断念した方がましだった。

それに、自分の病のために息子が夢を捨ててしまったら、父はどれほど傷つくだろう。けれど、いくら待っても、労働許可証など出ないのではないか。大使館の役人は、あり得ないとまでいったのだ。ここで帰国したら、これまでの人生のすべてが無駄になるという思いで、微かな希望に、必死でしがみついていただけのことなのかもしれない。父のことを思うと、わけのわからない衝動に駆られて叫び出しそうになった。いや、実際に街の通りで叫んでしまったこともある。

何かをしようにも、何をするお金もなかった。道路際にひっくり返っているクルマがあった。ああいうことをする人の気持ちが、痛いほどよくわかった。自分が何かをしでかしてしまいそうで怖かった。殺伐としたバンリューには、そういう誘惑だけはたくさん転がっていたのだ。

心の限界はとっくに超えていた。どんな些細なことであろうとも、あと一つでも悪いことが起きたら、何もかも投げ出してしまっていたに違いない。それくらい追い詰められていた。

日本にいる陽子から電話がかかってきたのは、そういう最悪の日だった。

「大丈夫？」

彼女からすれば、それは何気ない言葉だった。肇の陥った苦境はわかっていたし、精神状態も心配だったから、時々かける電話で気遣う言葉をかけるのは、習慣みたいなものだった。

けれど肇は、その陽子の一言で救われた。

それまでは親しくはあってもあくまでも友人の一人でしかなかった陽子に、その一本の電話で、プロポーズすることを決めたというのだから、よほど救われたのだ。

かつてなら、それほど大きな問題にはならなかった。

70年代から現在までフランスに渡って修業した日本人の数をかぞえれば、おそらく万の単位を超えるだろう。今でもちょっと有名なフランスのレストランの厨房には、日本人が1人や2人はいるものだし（『ベルナール・ロバン』にも肇以外に2人の日本人研修生がいた）、パリの三つ星レストランは日本人がいなければ成り立たないなどと囁かれていた時代もある。

その日本人すべてが、正式な労働許可を取っていたわけではない。実際には、労働許可証を持っていた人の方が少なかった。無給の研修生の立場で働くか、あるいは観光ビザなどで入国して労働許可を取らずに働いている人も多かった。つまり不法就労だ。違反者が国外退去処分になるのは昔から同じだけれど、この時期は法律が厳しくなって、不法労働者を雇った雇用主にも5年以下の禁固刑と1万5000ユーロ以下の罰金が科せられるようになっていた。

10年前なら雇用主が罰せられることもなかったし、そもそも不法就労がそれほど厳しく取り締まられることもなかった。働いているうちにシェフやオーナーに気に入られて、それから労働許可を申請するというようなこともよくあった。

ところが、今やフランスは世界で最も労働許可の取得が難しい国の一つだった。

肇のような外国人が労働許可を取得できるか否かは、その人にかかわるフランス人がいないことを証明できるかどうかにかかっていた。

彼が年季の入った鮨職人だったら、それほど難しくなかったかもしれない。年季の入った鮨職人は、フランスにはほとんどいなかったから。

けれど肇は、よりによってフランス料理の料理人であり、しかもかなり腕が達者ではあるとはいえ、客観的には要するに修業中の身だった。移民局の役人の目から見れば、かわりはいくらでもいた。

もちろん彼は、フランス人と争って職を得ようとしていたわけではない。ただ、一人の料理人としてフランス料理の奥義を見極めたかっただけだ。フランスの労働基準監督署にしても、そういう情熱まで閉め出そうとしていたわけではないはずだ。

つまり、それはある種の誤解に基づく、不毛な争いだった。けれど誤解だろうが不毛だろうが、その壁を乗り越えなければ未来はない。

と、少なくともそのときの肇は、思い込んでいた。この壁を乗り越えるのは、容易なことではない。

なにしろ、日本大使館の話を信じるなら、彼のような立場の日本人で、その壁を乗り越えた者は今まで一人もいなかったのだ。いうなれば、フランス社会に流入した膨大な数の移民が、肇の前に壁となって立ちはだかっていた。

ただ、ここで興味深いのは、壁の前で途方に暮れた肇に救いの手を差し出したのも、その壁で生きる人々だったということだ。

２００４年の夏休み、志水陽子はブロワ市郊外に肇を訪ねた。バンリューがどういうところか電話で聞いて陽子なりに想像してはいたけれど、そこは日本で平穏に暮らしていた彼女の想像を絶した世界だった。

「もし彼が一緒にいてくれなかったら、通りを歩くことすらできなかったと思う」と、現在の陽子は当時を振り返る。映画でしか見たことのない恐ろしげな男たちや女たちが、街の主な住人だった。歩道にアフロヘアやモヒカン刈りの黒人たちがたむろしているかと思えば、アラブの民族衣装を着た大きな男の集団が道路を横切っていた。顔や腕におどろおどろしいタトゥーを施した男もいれば、ボディピアスを顔中につけた女もいた。そこにいる全員が犯罪者で、全員が銃やナイフで武装していると聞かされても陽子は驚かなかったろう。実際にそこに足を踏み入れていながら、こういう世界が現実に存在していることが信じられなかった。何もかもが、あまりにも日本とは隔たっていた。

彼女が訪ねたとき、肇はそれまで住んでいたアパートを引き払い、アメードというアラブ系移民の家に間借りするようになっていた。その家に着いたのは夜もかなり遅い時間だったのだが、アメードと10歳になる彼の美しい娘、その他何人かの友人たちが肇と陽子を待っていて、出前のピッツァを取って歓迎会をしてくれた。東洋人は肇たち二人だけで、他はみんなアラブ系の人たちだった。そういう状況でピッツァを食べていることと自体が、普通に考えればかなり奇妙なことのはずなのに、陽子にはなぜかとても自然なことに思えた。そう思ったのはおそらく肇のせいだ。

肇は不思議なくらい、街に馴染んでいた。彼はバンリューの住人たちと、ごく自然につきあっていた。バンリューは陽子にとっては恐ろしい場所だったけれど、そこで暮らす肇は生き生きとしていた。少なくとも陽子の目には、労働許可証が取れなくて焦っているようにはとても見えなかった。

もっともそれは、肇の中に、父親の病状が最初に心配されたほどは悪くないらしいという楽観的な見通しが生まれていたからでもあった。手術を受けた父親は元気を取り戻し、以前にも増して仕事をバリバリとこなしていた。

この時期の肇は、一人のアーティストとみなされるようになっていた。

ファビエンヌの紹介で通い始めたアンヌ・ボナールという画家の絵画教室で、肇は絵描きとしての才能を見いだされたのだ。

肇の絵の才能はかなりのものだった。なにしろ油絵を2、3枚描いただけで、周囲が騒ぎ出した。

「あなた、日本で油絵を習ってたんでしょ？」

肇の描き上げた絵を見て、アンヌは何度も聞いた。

「いや、初めてです」

何回そう答えても、アンヌは信じられないという顔をした。彼女が驚いたのもよくわかる。

彼がその頃描いた絵を、見たことがある。それは縦2メートル、横1メートルほどの巨大なカンヴァスに描いた印象派風の絵だった。ルノワールの模写だ。アンヌに頼まれて、ブロワ市のフェスティバルのために描いたのだそうだ。これが、本物と見紛うほどの素晴らしい出来なのだ。しかも油絵を描き始めたばかりの人間の絵だというのだから、彼女が驚くのも無理はない。地元のワイナリーのオーナーに依頼されて、ワインのラベルの絵を描いたりもした。

アメードの家に引っ越せたのも、絵のおかげだった。肇の絵を見て感激したアメードに、自分の娘の絵を描いてほしいと頼まれた。他にすることもなかったから、一所懸命に描いたら、その仕上がりに喜んで、絵を描いてくれたお礼ということで、自分の家に住むように言ってくれたのだった。

アメードがその絵を気に入ったのはもちろん本当だろう。けれど、部屋を提供してくれた理由はおそらくそれだけではない。彼は肇の苦境を知っていたのだ。

バンリューは熱い鍋のようなものだった。

そこには安全で清潔で画一的な現代社会では希薄になった、生身の人間の生きるエネルギーが充満していた。燃やされた自動車は、見方を変えるなら、そのエネルギーの表現であるともいえる。

もちろんバンリューといえども、人が暮らす土地である以上は、そういう暴力的な自己表現がすべてではない。抑圧されて溜まったエネルギーが、絵画や音楽、あるいはスポーツというような平和的な手段によって解放されることもあるわけで、その結果として少なからぬ数のフランスの新しい文化の担い手が、バンリューから生まれるようになっている。

若手のミュージシャンやスポーツ選手の中にも、バンリューの出身者は少なくない。

たとえば元サッカー選手のジダンが、マルセイユ郊外のバンリューの出身であることはフランスでは有名な話だ。彼がフランスの国民的な英雄なのは、アルジェリア移民の2世である彼が、多民族国家へと変貌しつつあるフランスの象徴的存在だからでもある。

肇を支えたのも、そういうバンリューに関わって生きている人々だった。その中にはファビエンヌやアンヌのような生粋のフランス人もいれば、アメードやボディガードの集団のような外国からの移民もいた。

肇も一人の外国人として、きわめて現代的な問題を抱えた今現在のフランスの懐に潜り込んでフランス料理というものと格闘していたのだ。肇を応援したのが、移民と移民を支える人々だったということは、とても象徴的なことだと思う。世界を変えるのは、人の熱意だ。アメードもファビエンヌも、アンヌも。彼らは、肇の熱意に動かされたのだった。そしてその熱意は、ついに動かないはずのものを動かすことになる。きっかけは、アンヌに頼まれて描いたそのルノワールの模写だった。

「ほんとは絵なんか描きたくなかった」と、肇は言う。

ビザの期限と貯金は日々減っていく。絵を描く気分になどなれるわけがない。自分は絵を描くためにフランスに来たわけではない。けれど、実際に絵筆を握りカンヴァスに向かってみると、少なくとも絵を描いている間は日頃の鬱屈を忘れることができた。気がつくと、夢中で絵を描いていた。

子供の頃は美術の教師に、美術学校への進学を熱心に勧められたくらいだから、絵の才能があったことは間違いない。学校の授業を別とすれば、特に絵画を習ったことはない。ただ、誰に教わるでもなく、自分が見たままに、絵を描くことができた。それだけに、自分の絵の才能には無頓着だった。

何枚か絵を描いたところで、アンヌに市のフェスティバルのために絵を描くように頼まれた。フェスティバルに出店するカフェを飾る絵だ。二つ返事で引き受けた。そして出来上がったのが、巨大なカンヴァスに描いた何点かのルノワールの模写だった。

ルノワールは川に面したオープンテラスの開放的な酒場で、酒を飲みダンスに興じる人々を描いた陽気な作品を何点も残している。ロワール川沿いの都市であるブロワ市のフェスティバルのカフェを飾るには、ぴったりの絵だ。これを何点か描いて、店に飾ろうという計画が持ち上がって、その仕事が肇に回ってきたのだ。

事件はその肇が描いた何点かのルノワールの模写を飾ったカフェの前を、ブロワ市の市長が通り過ぎようとしたときに起きた。

市長は何人もの地元テレビ局のクルーに囲まれていた。ニュース用に、フェスティバルの様子を眺める市長の様子を撮影していた。あたりは暗くなり始めていた。撮影用の強力なライトに照らされた市長が、人々の視線を浴びて近づいてくるのを、肇もアンヌたちとカフェの前で見物していた。

肇はその瞬間まで何も考えていなかった。ぼうっと市長を眺めていた。けれど市長が自分たちの目の前を通り過ぎようとしたとき、テレビカメラの前に飛び出していた。市長の手を握り、必死に話しかけていた。

「私は日本からやってきた料理人です。この街で働きたいんだけど、どうしても労働許可が取れません。なんとか助けてもらえませんか」

もし市長がそこにテレビの撮影で来ることを知っていて、あらかじめその台詞を用意していたとしたら、そんなに流暢には喋れなかっただろう。上手くいくかどうかなんて考えていたら、足が竦《すく》んで一歩も動けなかったかもしれない。

テレビ局のクルー達に同行取材されている市長に、いきなり話しかけるなんて。そんなことをしても、上手くいくわけがない。そう結論して、何もしなかったに違いない。すべては一瞬の思いつきで、思いついた次の瞬間には、市長に向かって歩き出していた。躊躇する暇も緊張する隙もなかった。だからできたのだ。

市長の反応は、予想外だった。彼は肇の手を握り返し、にこやかに笑ってこう言ったのだ。

「ああ、君がハジメか。君の話は周りからよく聞いて知っているよ」

労働許可を取るために、何ヶ月も孤軍奮闘している日本人の話は、市役所でも有名になっていたらしい。せっかくだからと、市長はテレビカメラを引き連れて、カフェに入って肇の絵まで見てくれた。

「すごいな。この絵を全部君が描いたのか」

市長はじっと肇の絵を見つめながらつぶやいた。

「明日資料を揃えて私のところに持ってきなさい。どうすれば労働許可が取れるか考えてみよう」

翌日、市長のオフィスで話を聞いてくれたのは、市長本人ではなくて、市長の参謀といわれる人だった。けれど、その人は肇の持参した資料を丹念に読み、じっくりと話を聞いてくれた。そして、帰り際に肇にこう請け合ってくれた。

「大丈夫です、労働許可はおりますよ。ただし、料理人ではなくてアーティストということにしませんか。市があなたをアーティストとして契約を結ぶことにします。あなたがフランスに滞在するのは絵を描くためで、その生活費を稼ぐためにレストランで働くということにします。それなら、移民局も労働許可を出すと思う。それでよければ、わたしが掛けあってみます」

もとより肇に異論はなかった。労働許可がおりて、正式に『オー・ランデヴー・デ・ペシュール』で働けるなら、何も文句はない。

「よろしくお願いします」

そう言って頭を下げた。

「あの人が大丈夫って言うなら、きっと大丈夫よ」

一緒についてきてくれたファビエンヌが、帰り道にそう言った。市長の右腕は、いかにも有能で、そして力のある人物に見えたのだ。

ところが、翌日かかってきた電話の向こうで、彼は悔しそうな声を出した。

「移民局の担当者は、何があっても、あなたには労働許可を出さないと言ってます」

移民局は意地になっていると、市長の参謀は言った。あまりにもしつこく労働許可を求めたのが逆効果になったという。たかが一軒のレストランで働くために、なぜこの日本人はこんなに必死になっているのか。別に何か目的があるのではないか。肇がスパイではないかという滑稽な疑いも、そういう穿鑿《せんさく》から生まれたのかもしれない。

そこまで誤解されてしまっては、これはもういくらなんでも無理だ。

けれど、電話の向こうのその人は諦めていなかった。

「気を落とさないで。他の方法を考えてみます。きっとなんとかなりますよ」

いい加減なことを言っているとは思わなかったけれど、今までの経緯から考えても、簡単に信じられる話ではなかった。

移民局から肇の連絡先になっていたフランス語教室に電話がかかってきたのは、それから1週間余り過ぎた頃だった。

電話を受けたのは、ファビエンヌだ。電話の相手と話をしている間に、ファビエンヌの顔が昂奮して赤く染まった。受話器を置いたときには、目に涙さえ浮かべていた。

「ハジメ、私たち勝ったよ。労働許可が取れたよ！」

もっとも労働許可証を受け取るために訪れた県庁で、肇は移民局の役人から30分以上も小言を聞かされることになる。役人は腹を立てていた。わかりやすく言えば「影響力のある大物に頼るとは、あなたは卑怯だ」というのが役人の言い分だった。

ブロワ市長のことを言っているのではなかった。

市長の参謀が話し合いに行ったとき、役人ははっきりと「何があっても、このヨネダという日本人には労働許可を出さない」と言い切った。市長のことなど歯牙にもかけていなかった。それが、最後通告のつもりだったのだろう。けれど、市長の方が一枚上手だった。

彼には最後の切り札があったのだ。

フランスではよくあることなのだが、市長はしばしば国会議員を兼務している。ブロワ市長も国会議員で、大統領とも旧知の仲だった。市長の参謀が自信たっぷりだったのは、おそらくこの最後の手段のことを考えていたのだろう。市長は肇の資料を大統領に届け、肇に便宜を図るように依頼してくれていた。

肇に労働許可を出すように移民局の役人に影響力を行使したのは、当時のフランス大統領、ジャック・シラクその人だったのだ。

フランスは個人主義の国で、個々の役人には大きな裁量権がある。それだけに上からの圧力を嫌う風潮は強く、だから肇は小言を言われたのだが、さすがに大統領本人からの要請は決定的な影響力があった。フランスの官僚機構という巨大な装置を動かすためのボタンの押し方を、市長は熟知していたというわけだ。もちろん、そんなに簡単に押していいボタンではなかったはずだ。こういう裏技は、そう何度も使えるわけではない。市長は本心から、肇に動かされたのだろう。役人にしてみればいい面の皮だった。自分たちの決定を、あっさりと覆さなければいけないわけだから。

「お前にだけは労働許可を出したくなかったってさんざん言われました。最後の最後になって、ようやく書類を出してきて、ここにサインをしたら正式な労働許可が出るからと言うんです。そのサインをしている最中も、『これは例外中の例外だ』って嫌みを言われ続け、黙って聞いたけど、さすがにうんざりしました。労働許可を出すと決まったら、あっさり出してくれればいいのにって。でも、そこがフランス人の面白いところというか、粋なところというか、サインも終わって帰ろうとしたら『ちょっと待って』って私を引き留めるんです。ちなみにそのお役人は女性だったんですけど」

まだ何か、小言を言われるのだろうか。肇が警戒しながら後ろを振り向くと、彼女は先ほどまでの硬い表情を緩め、悪戯っぽい笑みを浮かべていた。

「来年また労働許可を取るときには、かならず私のところへいらっしゃい。私が絶対に更新してあげるから。ようこそ、フランスへ」

第六章　これで完璧だと思ったら、それはもう完璧ではない。

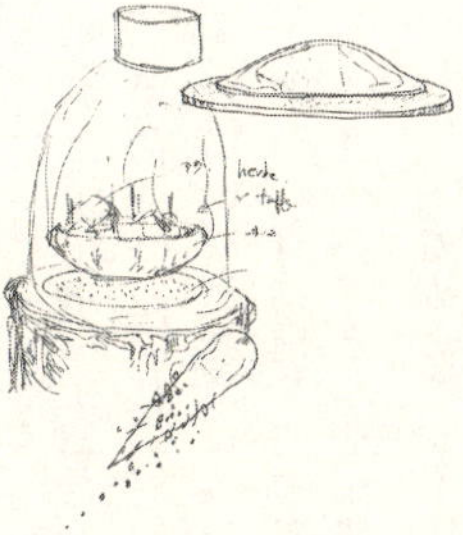

「小さな子が、自分は宇宙飛行士になるとか、機関車トーマスになるとか夢を話すじゃないですか。私の場合はその憧れの対象が、海外で活躍する日本人のシェフだったわけです。最初はかっこいいなあっていう単純な思いだけだった。真っ白なコックコートを着て、ピカピカの厨房で真っ白な皿に美しい料理を盛りつけてる。その姿に憧れたんですよね。成長するにつれて、その憧れがフランス料理への好奇心に変わって、フランス料理なんて食べたこともなかったのに、フランス料理のシェフになることが私の夢になった。それで、フランスまで行ってしまった。日本のレストランで作ってるフランス料理が、本物かどうか知りたかったんです。美味しいだけじゃ駄目だった。これが本当にフランスで作られているフランス料理と同じかどうか。これは本物のフランス料理なのか。あの頃の私には、それが大問題だった。ところが奇妙なことに、フランスで暮らすようになったら、そういうことをすっかり忘れてました。今考えれば、少なくとも私が修業した日本のフランス料理店は、厳しかった最初の店も2番目の店も、非の打ち所のないフランス料理を作ってました。ある意味ではフランス人の作るフランス料理より、きちんとしたフランス料理だったと言ってもいい。フランス人って、意外と適当なんですよ。フランスで厨房に立ってたときも、こいつらほんとにいい加減だなって、腹を立てたことが何度もあった。魚に火入れをしている最中に、サッカーの話で盛り上がって、火加減見るの忘れちゃうとか。そういうことが結構あるんです。どれだけイライラさせられたことか。最初はそれがすごく意外でした。本場のフランス料理店はどんなだろうって、期待に胸を膨らませてたから、余計にそう思ったのかもしれない。もちろん店によって差はありますよ。スプーン1本落としただけで、厨房全体に緊張が漲る、みたいな店もありますから。でも平均的に言えば、日本人の仕事の方がきっちりしているし真面目だと思います。少なくとも料理の技術とか、クオリティに関しては、日本のフランス料理は負けてなかった。ただ、新しい料理の発想の豊かさとか、アイデアの自由さということにかけては、やっぱりフランス人はすごいんです。日本人には、これはちょっと真似できない発想だなと思うことが何度もありました。

でも、考えてみればそれは当たり前なんです。彼らは、別にフランス料理を作ってるわけじゃないから。彼らが作ってるのは、フランスという枕詞のつかないただの料理なんです。彼らが作ったものを、私らがフランス料理と呼んでいるだけのこと。彼らは、この地球上にある食材なら何だって自由に使う。最近は昆布出汁とか味噌とか、和食の食材を使うシェフがフランスでも増えてます。日本人のフランス料理人がそんなことをしたら、『そんなものはフランス料理じゃない』って批判されてしまいそうですよね。日本人はフランス料理を勉強するわけです。フランスではこうしてるとか、こういう食材を使ってるとか。言うなれば、フランス料理のルールを学んで、フランス料理のシェフになる。だからどうしても発想が小さくなってしまう。でも、実際にはそんなのはフランス料理のルールでも何でもなくて、自分の入った厨房のシェフのルールに過ぎなかったりするわけです。フランス料理は、こうでなければいけないなんて厳密なルールがあるわけじゃない。フランスに行ったいちばん大きな収獲は、それがわかったことでした。それがわかったら、自分が作ってるのが本物のフランス料理かどうかなんてことは、どうでもよくなった」

クリストフ・コムもベルナール・ロバンと同じように、自分の料理の作り方を何から何まで丁寧に教えてくれた。何一つ秘密にすることはなかった。肇の印象に強く残っているのは、そうして気前よく教えながら、コムが言ったことだ。

「僕は君に何でも教えるけれど、一つだけ憶えておいてほしいことがある。それは、君が自分の店を持つようになったら、私と同じ料理を作ってはいけないということだ。君は君自身の料理を作らなきゃいけない」

たとえばゴッホに弟子がいたとしても、同じヒマワリの絵は描かないだろう。師匠と同じ絵を描いても仕方がないからだ。誰もそんな絵は買わないし、少なくとも師匠の模写のようなヒマワリの絵を描いている限り、誰も彼を芸術家とは認めない。フランスでは料理の世界も同じなのだ。だからこそフランスでは、次々に新しい料理が生まれる。それがフランス料理の命の源泉だ。

肇がフランス料理のシェフに憧れたのは、単にその白いコックコート姿が格好良かったというだけのことではないはずだ。ニューヨークで活躍していたそのシェフの表現者としての内面の充実を、幼い肇は敏感に感じ取っていたに違いない。

そのシェフは言葉ではなく、料理の才能によって自己を表現していた。言葉だけが、自分を表現する道具ではないのだ。そういう世界があるということに、肇は憧れたのではなかろうか。

だから肇はもちろん、フランスで憶えた料理を安易にコピーしようなどとは思ってもいなかった。彼にとって料理はまずなによりも、自分を表現する手段だった。そして単なる物真似では、自己表現などできるわけがないのだ。

けれど、後から考えてみれば、コムの言ったことには、もう一段階深い部分で、一理あった。真似をしてはいけないというルールは、意外に奥が深いのだ。その意味を、肇は後に思い知ることになる。

さて、話を先に進めよう。

移民局の役人は、「来年また労働許可を取るときには、かならず私のところへいらっしゃい」と言ってくれたけれど、肇が労働許可証をふたたび更新することはなかった。翌年、すなわち2005年の秋、肇は北海道の洞爺湖を見下ろす山の頂にある天空のガストロノミー、『ミシェル・ブラス トーヤ ジャポン』の厨房にいた。

フランス中南部のオーブラック高原、ライヨール村にある『ミシェル・ブラス』を世界最高のレストランとみなす食通は少なくない。リヨンからクルマで5時間余りの人里離れた高原で、一年のうち7ヶ月間だけオープンする、世界で最も予約を取るのが難しいとされるレストランの一つだ。

1999年にミシュランの三つ星を獲得し、現在まで維持しているが、このレストランに関して言えば、星を取ったとか取らないとかいう話はもはやあまり意味をなさない。それはゴッホやモネが、絵の賞を貰ったかどうかを問題にするのと同じようなものだ。

ミシェル・ブラスは、ライヨール村でオーベルジュを営む家庭に生まれた。いわゆる三つ星シェフの中でも、彼は異色の存在だ。彼の料理の師は、オーベルジュのシェフである彼の母親ただ一人であり、他の料理店で修業した経験もなければ、有名なシェフに料理を教わったこともないからだ。

それはつまり、フランス革命期から連綿と続いてきたフランスのレストランの進化の系譜から一線を画していることを意味する。郷土料理の手ほどきをしてくれた母親を別にすれば、彼の師はオーブラックの自然そのものだった。高原の空に浮かぶ雲、吹き過ぎる風、風が揺らす何百種類もの草や花からインスピレーションを受けながら、ほぼ独学で『ミシェル・ブラス』の料理を確立したのだ。

たとえば彼のスペシャリテに、高原で収穫される数十種類の季節の野菜に野草、ハーブや花を使ったガルグイユという料理がある。今やフランス料理の世界では知らぬ者のいない料理だけれど、かつてはかなりの批判にさらされたこともある。牛の食べる牧草を盛り合わせたような料理で、高い代金を取るなんて考えられないというわけだ。

けれどミシェルは、そういう批判に耳を貸さなかった。彼は自分の描きたい絵を描き続けた。自分の心を、ほんとうに喜ばせる料理だけを作り続けたのだ。

料理を芸術の一種とするなら、彼の料理こそ芸術の名にふさわしい。

そのミシェル・ブラスが世界中でただ一軒だけ開いた支店が日本にあって、それが

『ミシェル・ブラス トーヤ ジャポン』だった。シェフはもちろん、スタッフの多くがライヨールの本店で、つまりミシェル・ブラスの下で修業を積んでいる。しかも、毎年11月にはミシェル・ブラス本人が来日して腕をふるう。ミシェル・ブラスの料理を、ライヨール以外で経験できる唯一の場所だ。

肇がその『ミシェル・ブラス トーヤ ジャポン』で働くことになったのは、早とちりのおかげだ。

発端は、フランスで発行されていた日本人向けの新聞だった。『オー・ランデヴー・デ・ペシュール』で働き始めてもう少しで1年が経とうとする頃、肇は一つの選択を迫られていた。次の1年をどうするか、だ。

労働許可は1年ごとの更新だ。県庁の役人が更新を約束してくれたとはいえ、雇用主は更新申請の書類を提出し、納付金を納めなければならない。

ムッシュ・コムは肇にスー・シェフをやってくれるなら、喜んで翌年の労働許可も申請するし、納付金も支払うと言ってくれていた。自分の右腕として、魚料理だけでなくすべての料理の監督を任せたいというのだ。肇は店に欠かすことのできない料理人になっていた。

ムッシュ・コムの申し出は嬉しかったし、ブロワでの生活も気に入っていた。肇は前年、労働許可が出るとすぐに一時帰国し、陽子の両親に結婚の許可を貰い、正月には日本で結婚式を挙げ、4月には陽子をフランスに呼び寄せていた。フランスでできた大勢の友人や知人に囲まれた新婚生活は、二人の一生の思い出になる楽しい日々だった。

「街を肇と一緒に歩いていると、いろいろな人に声をかけられた」と陽子は懐かしそうに当時を振り返る。

「街に出ると『ハジメ、ハジメ』って、よく声をかけられるんです。駅で電車を待っていても、カフェでコーヒーを飲んでいても、ほんとうにいろんな人が、親しげに声をかけてくる。それはアメードさんやボディガードの人たちのような移民もいれば、県や市のお役人だったり、絵描きさんだったり、コミュニティスクールの生徒だったり、レストランの常連客だったり……とにかく彼にこんなにたくさん知り合いがいたんだって驚くほどでした。ブロワは小さな町で彼が外国人だということもあったのかもしれませんが、30年も住んだ日本よりも、数年しか暮らしていないフランスの方が、知り合いが多いんじゃないかっていうくらいだった。彼がフランスでどれだけ充実した生活をしていたかを垣間《かいま》見るような思いでした」

労働許可を取るためにもがき続けた半年ほどの間に、肇はたくさんのフランス人と関わり合いを持つようになっていたのだ。

「日本では、もっと寡黙な人だと思っていました。仲間内ではよく喋りますよ。でも、シェフやお客さんとかの前では控えめで、口数が多い方では決してなかった。コミュニケーションを取るのが上手なタイプではないと思っていたんだけど、フランスでは相手が誰であろうと堂々と話してるんです。日本語のように流暢にフランス語が話せるわけではないのに、むしろフランス語の方が自己主張がきちんとできるみたいでした。物怖じせず、自分の気持ちを相手になんとか伝えようと、誰とでも一所懸命に話してました。そういう彼の姿が最初は、眩しいというか、すごく新鮮でした。こういう一面もあったんだなあって。だけど、だんだんわかってきたのは、それこそがこの人の本当の姿だったということです。日本にいたときの方が、むしろ殻をかぶっていたのかもしれません。フランスでその殻が綺麗に剝けて、本来の自分に戻ったんだと思います。それは外国で暮らした人の多くが経験していることかもしれませんが……」

そのフランス時代で、妻の陽子の印象にいちばん深く残っているのは、一日の仕事を終えて部屋に戻ってからの肇の姿だった。

「部屋に帰ってくるとかならずやることがあって、どんなに遅くなっても、どんなに疲れていても、机に向かってノートを何冊か広げて書き始めるんです。書く内容は、その日によって違います。料理の絵であったり、レシピだったり、あるいは文章だったり。日本語で書くこともあれば、フランス語で書いていることもありました。今日一日の仕事で学んだことや、考えたことを、そうやってかならず書いてました。暗い間接照明の下で、黙々とノートに向かっている彼のあの姿が今も目に焼きついています」

肇のノートについては前にも書いたけれど、彼はそうやって極端に言えば目覚めている時間のすべてを料理とレストランについての考察に注ぎ込んでいたのだ。

その1年間で、『オー・ランデヴー・デ・ペシュール』で自分が学ぶべきことは学んだという実感があった。普通の1年ではない。肇は、彼のやり方でその1年間を全力疾走したのだ。

30歳までにフランスに留学し、35歳までに自分のレストランをオープンするという計画の35歳までに、2年しか残されていなかった。あと1年間ここでスー・シェフを務めればさらに多くのことを学べるだろう。けれど、それよりも今の自分のやるべきことは他にあるのではないか。

そう考えていた矢先に、フランスで発行されている日本人向けの新聞で、『ミシェル・ブラス』の求人広告を見つけた。三つ星レストランが、求人募集するなんてめったにあることではない。しかも、まさに自分が翌年の進路について思い悩んでいたこの夕イミングで。不思議な縁を感じて、肇は新聞に書かれていた電話番号をダイヤルした。

その電話がつながった先が、北海道の洞爺湖にある『ミシェル・ブラス トーヤ ジャポン』だったのだ。肇は『ミシェル・ブラス』が日本に支店を開いているなんて、そのときまで知らなかった。ライヨールの『ミシェル・ブラス』本店の求人だとばかり思っていた。そんな求人が日本人向けの新聞に載るのもおかしな話ではあったのだが、肇はそんなことを考えてもみなかった。けれど、これこそがほんとうに何かの縁というものかもしれない。こういうことでもなければ、北海道のレストランで働くことはおそらくあり得なかった。

肇はフランスでの修業生活を終え、帰国して洞爺湖の『ミシェル・ブラス』の厨房に入ることを決めた。そして、その厨房で働くようになってわずか1ヶ月後にはヴィヨンド、すなわち肉料理担当のシェフになった。肉料理はメインディッシュだ。ライヨールの『ミシェル・ブラス』本店では、ミシェル・ブラスその人が担当している重要な仕事を任されたのだ。

「『オー・ランデヴー・デ・ペシュール』では、料理を盛りつけるのにたとえばガラスの皿とかコーヒーカップとか、奇抜な食器を使っているのが当時の私の目にはとても新鮮で刺激的でした。ところが『ミシェル・ブラス』では、そういうことをまったくしていなかった。使っているのはシンプルな白い皿なんだけど、そこに感動的に美しい料理が載っている。料理をここまでアーティスティックに盛りつけられるのかというくらい、独創的で美しい料理だった。ミシェルは、料理人というより哲学者のような人です。彼が洞爺湖の店にいるのは一年のうちの限られた期間だけだから、長い時間を一緒に過ごしたわけではないんだけれど、会うたびにそう感じました。初めて見た風景からインスピレーションを受けて、その印象を即興で盛りつけるような人なんです。私はそれまで感覚だけで盛りつけをしていたけれど、彼の料理を見て初めて、自分の哲学とかメッセージをお皿に載せることができるんだということを知りました。そんな世界があるなんて、思ってもみなかった」

『ミシェル・ブラス』は、今まで経験したどのレストランとも違っていた。店は洞爺湖と太平洋を眼下に望む山の頂上に立つ『ザ・ウィンザーホテル洞爺リゾート＆スパ』の最上階にある。息を呑む絶景を窓から見下ろすと、空に浮かんでいるような錯覚に陥る。間違いなく世界でもトップクラスの美しい眺望のレストランだ。スタッフの仕事へのモチベーションは高く、スタッフ同士の仲もとても良かった。給料も悪くない。レストランの隅々にまで、ミシェル・ブラスの考え方が行き渡っていた。

「ミシェル・ブラスの料理は精神性を大切にするので、そこをまず教えていかないことには駄目なんですよね。だからああいう北海道の田園風景の中で、自分たちで野草を摘みに行って、この葉はこういう香りがするから、こういうふうに料理に合わせるんだよというような話をとても丁寧にしていくんです。フランス料理はこうだからとか、ウチはこうやってるからこうしろみたいな話は一切ない。とにかく人をきちんと育てていく。そういうところは企業体制としてもしっかりしているし、よくできた経営システムだと思います」

独立すれば、苦労することは目に見えていた。和気藹々《わきあいあい》とした厨房で、気心の知れた仲間と仕事をしていた方がどれだけ楽しいかわからない。しかも、その仕事とは、現在のこの惑星上で最も独創性のある、インスピレーションに満ちた『ミシェル・ブラス』の料理を作ることなのだから。

35歳で独立するつもりでいた肇が、最初の計画通りに事を進められたのは、肇の背中を押してくれる人がいたからだ。他でもない、それは肇の父親だった。

知らせが入ったのは、2006年7月25日の朝のことだった。

肇は厨房で、牛肉をさばいていた。携帯電話を切ると、包丁を静かに置いた。

「ごめん、俺行かなあかんわ」

その一言で、同僚たちは察してくれたらしい。このところ父の容態が思わしくないことは、さりげなく伝えてあった。前菜担当の後輩が、クルマのキーをポンと投げてくれた。

「後のことは気にしなくていいから、早く行ってやれ」

スー・シェフの言葉に追い立てられるように厨房を飛び出して、後輩のクルマに乗ってエンジンをかけた。そこからは無我夢中だった。山を一気に走り下り、麓の寮で待ちかまえていた陽子から荷物を受け取り、自分の軽自動車に乗り換えて、高速を新千歳空港まで飛ばした。アクセルを踏んでも踏んでもスピードが出ない。次は軽自動車なんか絶対買わないとクルマに毒づいたことを、妙に鮮明に憶えている。新千歳空港から伊丹空港へ飛び、高速バスで父の入院する病院の最寄り駅に着くと、叔父がクルマで迎えに来てくれていた。病院の玄関を入ると、肇の姿を見つけた伯母が走り寄ってきた。

「肇君、早く、早く」

「病室に辿り着いたときには、もう父の意識はありませんでした。昔の面影がないくらい痩せて、酸素マスクをかぶせられて、口を大きく開けて、ハーハーと呼吸しているだけでした。私が『来たで、来たで』と耳元で声をかけても、目を開かなかった。そのまま病室で一晩明かして、次の日の朝に亡くなりました。その息を引き取る間際に、奥歯をギリギリと嚙んだんです。どこにそんな力が残っていたのかっていうくらい、歯が割れるんじゃないかっていうくらい強い力で奥歯を嚙みしめたんです。そして、目尻からツーッと涙を流しました。悔しかったんだと思う。父はもっと生きたかったんだと思います。それなら、自分は父の分も生きてやらなきゃって、そのとき強く思ったことを、あのときの涙と一緒に今もよく思い出します。でも同時にその瞬間、自分は長生きできないとも思ったんです。父は67歳でした。私の人生もそれくらいまでだろうって。私はそのとき34歳だったから、あと30年。あと30年しかないって思いました。あと30年で何ができるか、何が残せるか。それは、今も思ってます。その話をすると、妻はものすごく怒りますけど。でも人間がいつかかならず死ぬのは間違いないんですよね。その着点から考えれば、人生は短い。いろんな人から『お前は何をそんなに急いでるんだ』って、よく言われるんです。もっと気楽にやれってことなんだろうけど、私からしたら、時間がないのに、どうしてそんなにのんびりできるんだろうって思う。寝てる暇なんかないよって。身体を休めるためだけに寝るなんて、もったいないじゃないですか。そういうことを言うと、また妻に叱られますけど。でも、納得して人生を終われなかったら、どんなに長生きしても仕方がない。父の死を思い出すたびに、私はいつもそのことを考えます」

正道会館の先輩が亡くなったときのような虚無感は襲ってこなかった。それよりも長男として、母親を守らなければいけないという気持ちが強かった。父親がずっと支援し続けてくれたことを形にしなければという想いもあった。

病と戦いながら、父は『オー・ランデヴー・デ・ペシュール』にも『ミシェル・ブラス』にも来てくれていた。子供の頃は反対されたけれど、肇が『いちりゅうの料理人』になることを誰よりも楽しみにしていてくれたのは、間違いなくこの父親だった。

葬式を済ませ、北海道に帰り、半年後に『ミシェル・ブラス』を辞めて独立することを決めた。このまま母親を一人で置いておくわけにはいかないので、関西に帰って自分の店を持つつもりだと話すと、シェフも理解してくれた。

辞める時期を半年後にしたのは、突然辞めて店に迷惑をかけるわけにはいかなかったからでもあるが、もう一つ別の理由もあった。毎年、秋には、ミシェル・ブラスが洞爺湖にやって来る。独立する前に、もう一度彼の仕事を目に刻んでおきたかった。

ミシェルにはそれまでに2度会っていた。物静かで、洞爺湖に来ても、コックコートを着て厨房にいるよりは、肩にセーターを羽織って散歩道で雲を見上げていることの方が多いような人だ。挨拶以上の話をするのは難しいし、まして、何か具体的なことを学べるなどとは思ってもいなかった。それでも、彼が料理をする姿を垣間見るだけでも、きっとその後の自分の糧になるはずだと思った。

けれど、人生という舞台には、しばしば登場人物の想像もしない脚本が用意されている。

3度目に遭遇したミシェルに、肇は想像もしなかった難題をつきつけられ脂汗を流すことになる。

「このときは、いろんなことがありました。まずルセット（メニュー）がなかなか送られてこないんです。ミシェルは来日する前にルセットをあらかじめ送ってくることになっていたのに、送ってこない。料理の内容が決まらなければ、準備ができないので、こっちは焦るんだけど結局送られてこなくて、ルセットが決まったのはミシェルが洞爺湖に着いてから。しかも、いったん決まった後も内容がコロコロ変わる。営業中に変わるんです。最初のお客さんに料理を出してるのに、次のお客さんの料理は『いや、もうちょっとあれを加えよう』なんて言って、料理を変えてしまう。最後の盛りつけまで終わってるのに、『やっぱりこの皿じゃ駄目だ。あの皿を持ってきて』って、皿を替えて、また違う盛りつけをしたり。スタッフは大変です。『もう勘弁してよ』って、ミシェルのいないところでですけど、愚痴をこぼすスタッフもいました。彼らの気持ちもわからないではないけれど、私は天才の秘密を見たような気がしました。あんなにビシッと決まったお皿を作る人が、こんなにあがいてるんだって。そういう姿を見るのは初めてでした。ほんとに最後の最後、皿をお客さんのテーブルに運ぶ直前のギリギリまで彼は考え続けてるんです。すごいなって、素直に思いました。私は単純なのかもしれないけれど、ただただ感動してました。自分の取り組んでいる料理人という仕事の秘密を見つけたと思った。彼はいつまでもあがき続けるだろう。だからこそ、ミシェル・ブラスは偉大なシェフなんだって」

一皿の料理に向かって悪戦苦闘するミシェル・ブラスの姿が、肇には独立を目指している自分に対する餞《はなむけ》のように思えてならなかった。それはつまり自分が彼ほどの成功を収めたとしても、苦しみながら料理を作らなければならないということでもある。けれど、それは救いでもあった。それは、あがき続ければ、努力さえ怠らなければ、いつかは彼の立っている場所に達することができるということでもある。

偉大な料理人の苦悩を知り、密かに感動しながら、焼き上げた鳩の胸肉を3つに切り分けていたときのことだ。

手元に視線を感じて目を上げると、ミシェル・ブラスがそばまでやって来て、包丁を使う肇の手元を見つめていた。かっと身体が熱くなった。ミシェルが自分の仕事に注目している。包丁の扱いには自信があった。フランスでも自分より上手く包丁を使う料理人はいなかったし、それは北海道に来てからも同じだった。魚をおろすのも誰よりも速かったから、厨房のみんなに包丁の使い方を教えていたくらいだ。

洞爺湖の『ミシェル・ブラス』の厨房のスタッフの3分の2は、ライヨールの本店で修業を積んでいる。にもかかわらず、新入りの自分がいきなりヴィヨンドのシェフを任されたのだって、この包丁の技があるからだ。

心臓は高鳴ったけれど、緊張はしなかった。いつものように素早く、美しく肉を切り終えて、顔を上げた。心臓の高鳴りが消えた。理解の眼差しがそこにあるものとばかり思っていたからだ。

肇が覗き込んだのは、無表情の冷たい目つきだった。しかも、かすかに首を傾げはしなかったか。

気のせいと思いたかったけれど、次のオーダーが入って、肇がふたたび鳩を切っていると、ミシェルがまた近づいて来た。そして、今度ははっきりと感想を口にした。

「ノン、ノン。セ・パ・ビヤン」

駄目、駄目。お前下手だな。正直、むっとした。

「えっ、何が？　どこが悪いのって。それなら、あなたが切ってみろって思いました。もちろん口には出しませんでしたけど……。出さなくてよかった」

いや、ミシェルはこのとき、この日本人のヴィヨンド・シェフの心の声を正確に聞き取っていたに違いない。その証拠に、肇がその次の鳩を焼き上げて切ろうとしていると、今度は肇の隣に立ってこう言ったのだ。

「貸してごらん」

肇は黙って包丁を差し出すしかなかった。まな板前の、ヴィヨンド・シェフの場所を明け渡した。

そのいつもの肇の定位置に立つと、ミシェルは険しい顔を少しだけ緩めた。肇が焼いた鳩の胸肉を手に取り、肉の弾力を確かめて言った。

「キュイソン　パルフェ」

キュイソンは火入れ、パルフェは完璧。つまり「火入れは完璧だ」と言った。

次に肇の包丁の刃にそっと親指の腹を押し当てて、満足そうに頷いた。

「クペ　ビヤン」

よく切れる、ということだ。包丁を研ぐのは、フランス料理でも料理人の仕事であり、それはつまり肇の包丁の手入れを認めたということだろう。

ミシェルは軽く胸肉に左手をそえると、手入れの行き届いた肇の包丁で胸肉を切った。

そのときの肇の印象を正確に描写するなら、包丁で切ったというより包丁で触れたと書いた方がいいかもしれない。肉にそえた左手にも、包丁を握った右手にも、ミシェルはほとんど力を入れていないように見えた。二筋の線を描くように、すっすっと軽く包丁を動かした次の瞬間には、胸肉の塊が3つに分かれていた。

「なんて表現したらいいんでしょうね、あの感じは。ミシェルの包丁を握る手のどこにも力が入っていない。剣の達人が棒ですっと肉の表面を撫でたら、肉が切れてたみたいな感じだった。思わず彼が切った肉の断面を見たら、これが何と言えばいいか、すごく美しいんです。頭を抱えました。自分では、切ることに自信を持ってました。そのときだって、いつも通り完璧に切ったんです。どんなことであれ、自分の仕事に関して、どうしたらもっと良くできるのかって、いつも考えています。包丁の使い方も工夫を凝らし続けてきました。修業を始めたときから、まだ何もできていない頃から、今日できなくても、明日はできるようになるためにはどうしたらいいんだろうって。考えて、考えて、工夫して、工夫したことをノートに書いて、練習して、それでもできなくて、でも、そこで諦めずに練習を続けていると、ある瞬間に、ぱっとできるようになる。これをしたら手の動きが速くなる、これをしたらもっと上手に切れるようになる、と。そういう発見を積み重ねてやってきました。そして自分でもかなりできるようになったと思っていたところだったんです。だからこそ、新しい店に入っても、自分はすぐに部門シェフを任されたんだって、密かに自負していました。自分が世界一とは言わないけれど、本心を明かせば、世界一とそれほど大きな差はないというところくらいまでは来ていると思ってたんです。ところが、とんでもなかった。そのとき、これは怖い世界だなって思いました。包丁のことだけじゃないということに気づいたんです。今回はたまたま包丁に目が行っただけのことであって、ミシェル・ブラスが見ている世界というのは、お皿の選び方から、盛りつけから、火入れから、何から何まで全部、そのレベルでやってるんじゃないかって思ったんです。私には見えてなくて、ミッシェル・ブラスにだけ見えてる世界があるんじゃないか。少し包丁が上手く使えるようになったくらいのことで、どうして私は慢心なんかしてたんだろう。しかも、その私が鼻にかけていた包丁の技術も、ミシェルの目から見たら児戯に等しかった。そう思ったら、急に怖くなった。自分はなんという世界に挑んだんだろうって」

ミシェルは包丁を肇に返すと、そのままどこかへ行ってしまった。

それで話が終わったわけではない。

翌日、肇がふたたび鳩を用意していると、目の端にミシェルが近づいて来るのが見えた。昨日と同じように、少し離れた場所で立ち止まって肇の手元を見つめているのが、気配でわかった。

心臓が早鐘のように鳴った。鳩肉を押さえる左手にも、包丁を持つ右手にも、ミシェルは余計な力を加えていなかった。その動きを思い出しながら切った。手元に感じる視線が、痛かった。

「ノン」

短くそれだけ言って、ミシェルはすっと離れていく。

何度も、同じことが繰り返された。肇が肉を切っていると、ミシェルが近づいて来てじっと見つめる。首を横に振る。

「ノン！　セ・パ・ビヤン」

そのうちミシェルがこちらに歩いてくるだけで、背中を嫌な汗が流れるようになった。喉はカラカラだ。それは、肇には妙に馴染みのある感覚だった。調理師学校を出て最初に修業に入った大阪のあの店で、シェフが近づいて来たときのことを思い出した。こういう汗をかくのは、あのとき以来だ。

ミシェルの手の動きは、脳裏に焼きついていた。生肉とはまた別の、火を通した肉の切り方があるようだった。押して切るのではなく、刺身のように引いて切る。刃が肉にあたるまではゆっくりしているが、切り始めると速い。その動きのどこにも迷いがない。その動きはわかったし、自分も同じように手を動かしているのだが、何かが微妙に違う。その微妙な違いが、何もかもをぶちこわしにするくらい大きかった。

ミシェルのように切ると、どうしても肉が動いてしまうのだ。

どうしてそれができるようになったのかは、よくわからない。ただ、ミシェルに見つめられ、背中に冷や汗をかきながら何度も何度も手を動かしているうちに、いつのまにかできていた。

冷や汗をかきながらミシェルの目の前で肉を切り続け、5日目か6日目のことだ。切ることを忘れ、無心で包丁を動かしていた。肉がはらりと、3つに分かれた。

思わず顔を上げると、ミシェルが小さく頷いた。頰に満足そうな笑みが浮かんでいた。

「切ろう切ろうとしているうちは駄目だったんです。切ることを忘れて、切るというか。あくまで感覚的な話だけれど、切るんじゃなくて、境目みたいなものがあって、そこで肉を分けるという感じに近い。自分でもその感覚がつかめたと思った瞬間があって、それからミシェルはもう来なくなったんです。次に声をかけられたのは、確かミシェルが明日は帰国するという最後の日でした。『ハジメ、ちょっと』って呼ばれて、そんなことめったにないから、何だろうと思ったんですけど。厨房の片隅で、ミシェルにこう言われました。『これで完璧だと思ったら、それはもう完璧ではない。この世に完璧というものはない。ただ完璧を追い求める姿勢だけがあるんだよ』って。

それを聞いたとき、ここでの修業は終わったと悟りました。もう辞めなきゃいけないって。辞めることは決めてたわけだけど、その決断は間違ってない、自分はもう辞めるべきだと改めて確信しました。ミシェルから学ぶことはもうないと思ったわけではありません。そこにいれば楽しいし、仲間もいるし、仕事のやりがいもある、なによりもミシェルが次から次へと生み出す新しい料理を間近に見ることができる。だけどそれは、あの人がやっていることとは違うんです。私も、あの人のようにあがかなきゃいけないと思ったんです。あれだけ成功して、世界から認められているのに、一皿の料理をお客さんに出す直前まであの人はあがいていた。料理人の世界の頂点にいるのに、まだ先があるという目をしているんです。すごいと思った。じゃ、自分はなんなんだろうと考えると、もう自分でやるしかないと思ったんです。『完璧だと思ったら、それはもう完璧じゃない』。だから、彼はあがき続けてるんです。お前ももっとあがきなさいって、あの人に言われた気がしました」

その日から3ヶ月後の2007年3月1日に、肇は『ミシェル・ブラス』を辞め、妻と二人で兵庫県の実家に戻り、自分の店を開業するために物件探しを始める。

陽子のお腹には、二人の初めての子供が宿っていた。

肇は34歳になっていた。

少年時代の彼が想像した通り『ジャガイモとか、タマネギの皮、むきばかり』の修業時代をついに乗り越えて『いちりゅうの料理人』になるという夢を実現する未来が、ついにやってきたのだ。

もちろん、それはそんなに簡単に実現できることではないのだけれど。

第七章　店が見つからず、通帳残高がゼロになる。

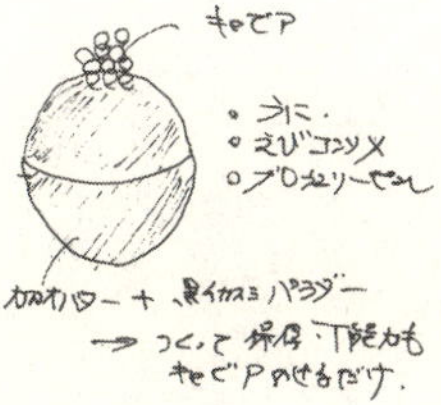

肇はそれを、あまりにも簡単に考えていた。

それというのはもちろん、自分のレストランを作ることだ。

なにしろ料理人の修業を始めてからのこの7年というもの、何をしているときでも、何を見ているときでも、そのことを考えていた。

それだけを考えていたと言ってもいい。


料理さえ作れれば幸せというシェフもいるだろう。けれど、それでは彼には不充分だった。

「どんなに素晴らしい音楽や絵画や小説よりも、本当に美味しい料理は人を幸せにする」

取材を始めたばかりの頃、彼にそう言ったときの反応が印象に残っている。同意するように軽く頷いてから、こう言ったのだ。

「でも、どんなに美味しい料理を食べても、悪い人がいい人になることはないんですよね」

欲張りな人だなあと思ったことを、よく憶えている。彼の口調は、少し悔しそうだったのだ。

優れた芸術が、時として人の心を変えるということを彼は念頭に置いて言ったのだろうけれど、それはつまり彼が、料理の力で、人の心を変えたいと思ったことがあるということだ。

彼にとって、料理は自己表現だった。空腹を満たすための料理ではなく、人を感動させる料理が作りたいと彼は言った。それができないなら、自分が料理を作る意味はない、と。

そのためには、皿の上の料理のことだけを考えるだけでは足りない。

早い話が、どんな皿に盛りつけるかだけでも、料理の印象は大きく変わってしまうのだ。ナイフにフォークにグラス、ワインの品揃え、壁や天井や床の色から、テーブルクロスの材質、サービススタッフの熟練度にいたるまで、レストランを構成するありとあらゆる要素が、一皿の料理に決定的な影響を与える。逆に言えば、人を感動させるような料理を出すには、レストランに関するすべてを自分の責任とリスクで決めなければならない。そのためには、自分の店を持たなければならなかった。

それが『いちりゅうの料理人』になるための条件なのだ。だから、彼はいつも自分が将来持つべき店のことを考え続けていた。

修業した5つの店はもちろんのこと、食べ歩いたフランスと日本の一流料理店も、街の食堂やファストフードの店でさえも、観察と考察の対象だった。素晴らしいレストランでも、注意深く観察すれば欠点があった。その反対に、どんなありふれた店でも、その気になって見つめれば学ぶべきところがあった。

そうやって観察し、考察したことを書きためたノートは、もう何冊にもなっていた。頭の中は自分の作りたいレストランのアイデアでいっぱいだった。

『ミシェル・ブラス』を辞めたときには、関西に帰ったら物件を探して、すぐに店をオープンするつもりだった。ところが、この物件がどうしても見つからなかった。

初めて物件を見に行った日のことを、肇は今もよく憶えている。

それは大阪市福島区の、空き地だった。これからその空き地にビルが建つという。その1階部分の14坪の店舗だった。福島区のそのあたりは、近年になって雰囲気のいいカフェやレストランが増えている地域で、建築家の友人が薦めてくれた物件だった。

「私は何でも即決したいタイプなんです。だから、物件を見る前からちょっと前のめりというか、もうそこに決めてしまって、家に帰ったら陽子に『決まったよ』って言ってやりたかったんです。長男が生まれてたから、陽子を安心させるためにも、これからバリバリ仕事するよって言ってやりたかった。ところが、いざ現地に着いて、その空き地を見たとき『あれ』って思ったんです。想像していたよりも、なんだかとても狭く感じました。『あれ、狭いなあ。俺、ここでやるのかあ』って思ったことをよく憶えてます。でも、更地は狭く見えるっていうじゃないですか。そのせいかなあって思ってみたり、とにかく周辺の環境を見とかなきゃいけないからって、最寄りの駅まで何回も往復してみたり。なんとか自分を納得させようとしました」

いつもの彼なら即決していたはずなのだが、それができなかった。合理的な理由はない。ただなんとなく気が進まなかった。だからと言って、その物件をあっさりと諦めるつもりもなかった。

気が進まないというだけの理由で、この折角の物件を逃してしまってもいいのだろうか。こんなに条件にぴったりの物件が、この先こんなに簡単に見つかることがあるのだろうか。

考えが行ったり来たりして、何も決められなくなった。この物件ではいけない理由を探して、あるいはこの物件に決めるべき理由を探して、ただの空き地を見続けた。そこに案内されたのは午前中だったのに、気がついたら夕暮れ時になっていた。ほぼ一日中、そこに立ちつくしていた。

「あえて言うなら、ピンとこなかった。『物件を見たら、あ、ここだって、ピンとくることが必ずあるから』って、ブーランジェリーの岩永さんにアドバイスされてたんです。彼は私より一足先に帰国して、自分のパン屋さんを持ってました。そのときに店探しをした経験を話してくれたんです。『そのピンとくるというのは、何も知らない人がピンとくるのとは違う。肇さんはこれまでにいろんな店で修業して、日本でもフランスでもたくさんのレストランをさんざん食べ歩いて、いい店悪い店がわかるようになってる。その自分の直感は信じていい。ここだって、ピンとくる物件が絶対にあるから。それまでは絶対に妥協しないでください』って」

岩永の言葉が心の隅にひっかかって、どうしても決断できなかった。問題は、この最初の日だけでなく、それからもずっとその言葉が心にひっかかり続けたことだ。1ヶ月が過ぎ、半年が過ぎても、「ピンとくる」物件には巡り会えなかった。

不動産業者を何軒も回り、毎日20キロも30キロも大阪の街を歩き続けた。それでも、どれだけ物件を見ても、ピンとくることは一度もなかった。歩けば歩くほど、そんなものに出会える気がしなくなった。しまいには、どうしてこの街はこんなに汚いんだと、大阪の街に憤りさえした。フランスで修業した2軒のレストランにしても、『ミシェル・ブラス』にしても、自然が豊かで景色の美しい場所にあっただけに、余計にそう感じたのかもしれない。けれど大阪を諦め、京都や神戸まで範囲を広げて物件を探しても見つからなかった。7ヶ月が過ぎ、8ヶ月が過ぎた。いくらなんでも普通なら、そのあたりで妥協するところだろうが、それができなかった。

なぜ、決められないのか。

最大の理解者であるはずの陽子にも、それがわからなかった。

「北海道から臨月で帰ってきて、出産して、15ヶ月間収入がありませんでした。毎日、物件を探しに行っては、見つからないと言って帰ってくる主人の苦しそうな顔を見るのが何よりつらかった。物件なんて簡単に見つかると思ってたんです。それが半年経っても、1年経っても見つからない。貯金が減っていって、通帳の残高がゼロになりました。探しても探しても、物件が見つからなくて、家に閉じこもって、パソコンの前に一日中座り込んでいるようになったんです。見て回るべき物件がないからそうしているのはわかっているのに、『そんなことしてても物件は見つからないわよ』って、酷いことを言ってしまったこともあります。あの15ヶ月間は、私の人生の中でも、いちばん精神的にきつかったかもしれません。けれど、米田本人はもっと苦しかったと思います」

物件探しで、そんなに苦しむことになるなんていったい誰が想像しただろう。けれど、何年探し続けたところで、見つからなかったに違いない。彼は、探す場所を間違えていた。

何かを探してどうしても見つからなかったのに、探すのを諦めた途端に見つかるということがよくある。それは探すという行為そのものが、時に発見を妨げるからだ。一所懸命な人間ほどこの罠に陥りやすい。見つからないのは努力が足りないからだとばかりに、夢中になって探してしまう。それが見当違いな場所だったら、どんなに探しても絶対に見つかるわけがない。というよりも探せば探すほど、発見から遠ざかる。けれど、夢中になりすぎていてそのことに気づかない。一所懸命になるより、むしろ肩の力を抜いた方が見つかる探し物もあるのだ。

『ミシェル・ブラス』を辞めて1年、探しに探し抜いて、もう自分の心にかなうような店は見つからないのではないかと諦めかけた頃、ある物件の情報が入ってくる。これから完成するビルの1階の貸店舗だった。ただし、面積が50坪以上あった。探しているのは、30坪程度の物件で、賃貸料を聞いたらとても払える額ではなかった。

「ざっと計算すると、一営業で20人はお客さんが入ってくれないとペイしないんです。

一営業というのはランチとか、ディナーとかそれぞれの営業です。ランチとディナーをやるとしたら、一日二営業ですから40人ということになりますよね。だけど、大阪のフランス料理店で、毎日40人以上もお客さんが入っているところなんてほとんどない。無理だと思いました。どんなにいい物件だって、経営が成り立たないことがわかりきっていたら借りられない。見に行っても時間の無駄になることは間違いない。少し前だったら行かなかった。だけどそのときは、見てみようという気持ちになった。自棄になってたのかもしれません。絶対に借りられないけど、気分転換に見るだけ見てみるかって。それは建設中のビルで、地下鉄の肥後橋駅から歩いてすぐのところにありました。周囲はオフィス街で雰囲気は落ち着いているし、メインストリートから路地を入って数十メートルという立地でした。いい場所だなと、思いました。緩やかな坂道をちょっと上ったところにあるレストランが理想だったんです。お客さんはレストランを仰ぎ見る感じで、美味しい料理への期待に胸を膨らませて坂道を上る。そこは坂道ではなかったけれど、メインストリートからちょっと入るという感じが、心に思い描いていた立地条件とよく似ていました。しかも、店の表だけでなく、裏も通りに面していた。そういう物件はめったにありません。ああ、これで広さが私の条件になってたらよかったのに、50坪もあるんじゃ広すぎる。上手くいかないもんだな、って思いながらその建設中のビルに入りました」

そこはコンクリートの壁が剝き出しの、殺風景な空間だった。

その空間に足を踏み入れた瞬間、不思議なことが起きた。

レストランの姿が見えたのだ。ここを入り口にして、そこに受付を作って、椅子とテーブルをこう並べて、あの奥を厨房にして——。と、まるでその空間に設計図が浮かび上がるように、自分がそこに作るべきレストランの形が、ありありと脳裏に浮かんだ。

「一年間で何十軒の物件を見たかわからないけど、そんなこと初めてでした。ここならできる。あ、ピンとくるって、このことだったんだって思いました」

心臓が誰かに恋をしたみたいに高鳴っていた。それは、この一年間ずっと忘れていた感覚だった。

賃貸料が高いことなど、もはや問題ではなかった。どうしても、ここを自分のレストランにしたかった。賃貸料だけでなく、内装費用も大幅に増えるだろう。国金（国民生活金融公庫）からの借入額を増やさなければならなかった。けれど、なんとかなると思った。いや、何がなんでも、なんとかする。賃貸料はできる限り値下げ交渉をするしかない。国金の担当者を説得するのはさらに厳しくなるだろうけれど、それくらいフランスの労働許可を取る苦労に比べたらなんでもない。みんなから絶対に無理だと言われながら、あのときはフランス語で書類を書き、フランス語でフランス人の役人とやり合ったのだ。あんなに苦労したのは、この日のためだったのかもしれないとさえ思った。

この一年間、彼が考えていたのは、30坪前後の小さな店だった。席数は20席前後、ランチが3000円、ディナー7000円から8000円くらいの、厨房でシェフが料理をしている様子が見えるような、軽快で活気のあるビストロ的なフランス料理店だ。ただし、使用する食材と料理は、最上質を目指す。高級料理店ではなく、最上質の料理店というのが、コンセプトだった。

初めて作る店だし、用意できる資金や、実力を考えれば、まずはそれぐらいの店が妥当だろう。小さなレストランから始めて、成功したら次の展開を考える。初めてのレストランを開業する世界中のシェフの大半が、ごく自然に考えるのと同じことを彼も考えたのだ。

ところが、その50坪の物件を見たとき、肇の頭に浮かんだのは、ビストロではなくて、その気になれば三つ星を取ってもおかしくないような、本格的なフランス料理店だった。

何もないだだっ広い空間に、そのレストランの姿が浮かび上がったとき、肇は自分がほんとうはずっとこういう店を作りたかったのだということを悟った。

店を作りたかったというよりも、そういう料理を作りたかったといった方がいいかもしれない。

店探しを始めたときから、彼は料理人というよりも、レストランの経営者としての判断を続けてきた。意識してそうしたのではなく、自然にそうなったのだろう。

小さな物件を探したのは、経営的な観点からだった。

天才的な料理人が、経営に失敗して店を潰すというのはよくある話だ。むしろ才能のある料理人ほど、その危険性は高いといえるかもしれない。料理に夢中になって、経営を二の次にするからだ。

肇は、その危険性を充分に理解していた。自分の店を持つと決めたときから、料理人としての自我を抑えて、経営的な判断を優先させてきた。料理人の米田肇は沈黙し、この一年、黙って物件を見続けてきた。黙ってはいたが、賛成はしなかった。だから、どれだけ店を見ても、納得できなかったのだろう。

ビストロ的な店を作るということは、ビストロ的な料理を作るということだ。

ビストロの料理が悪いと言っているのではない。これは筆者の勝手な想像だけれど、もし仮に、肇がビストロを開業していたら、おそらくそれはそれで評判になる店ができていたと思う。彼の研究心と熱心さをもってすれば、手頃で感動的に美味しい数々のメニューを開発していたに違いないから。経営的な意味では、もしかしたらその方が大きな成功を収めていた可能性もある。

けれど、そのためには表現者としての米田肇を犠牲にしなければならなかった。

彼にとって料理は、音楽や絵画と同じ一つの自己表現だった。誰が食べても美味しくて元気が出る料理を作ることと、表現としての料理を追求することを両立させるのは難しい。

彼はミシェル・ブラスに出会ってしまったのだ。あの天才でさえ、一皿の料理のために最後の最後まであがき抜かなければならない料理の世界を見てしまった。

ミシェルの挑んでいる世界に挑んでみたいと思うのは、才能のある料理人としての本能のようなものだと思う。「これで完璧だと思ったら、それはもう完璧ではない」というミシェルの言葉は、包丁の技で天狗になりかけていた肇への戒めであったことは間違いないけれど、それだけではないはずだ。あのときミシェル・ブラスは肇に、自分が闘っている世界にお前も挑んでみろと誘ったのではないか。

世界を感動させる料理が作りたい。それが彼の料理人であることの核だった。レストランを成功させなければならないのも、つまりはそのためであって、逆ではない。であるならば、成功することよりもまず先に考えなければならないのは、この店で自分は世界を感動させる料理を作れるかどうかということだった。自分にはまだ分不相応だと思っていたその50坪の物件を見たとき、肇ははっきりとそのことを悟ったのだと思う。

ミシュランの三つ星を目指す彼の悪戦苦闘は、このときに始まった。

彼が探すべきだったのは、大阪の街ではなく、自分自身の心の中だったというわけだ。

ビルのオーナー企業と交渉して賃貸料の値引きを頼み込み、国金の担当者を説き伏せて、必要な資金をなんとか引き出して内装工事が始まったのは、２００８年３月のことだった。

その２ヶ月後の２００８年５月12日に『Hajime RESTAURANT GASTRONOMIQUE OSAKA JAPON』は開業する。

その開業までの２ヶ月間と、店が軌道に乗るまでの約１年間の苦労に比べたら、それ以前の苦労など、苦労と呼ぶには値しないと肇は言う。つらかったはずの修業が小学生時代の夏休みのように懐かしく思えてしまうくらい、現実は厳しかった。

第八章　フォアグラを知らないフランス料理人見習い。

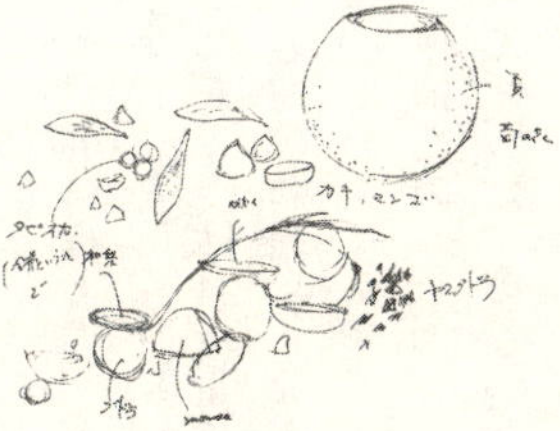

「開業までの1ヶ月間はほとんど寝てません。だって、もう1年近く仕事してないわけです。力はあり余ってたし、仕事ができるってだけで嬉しくて、やりたいことがあとからあとからあふれて、一日24時間じゃとても時間が足りなかった。料理やお店のことだけじゃなくて、経営の勉強もしなきゃいけなかったから、いつもカバンの中にはビジネス書が何冊か入っていた。エレベーターに乗ってるときとか、横断歩道で赤信号を待っているときとか、ほんのちょっとした時間の隙間に読むためです。それくらい時間がなかった。もちろんまったく寝ないわけにはいかないし、妻にも心配されるから、どうして人間は眠らなきゃいけないんだろうとか思いながら、朦朧とした頭で明け方の4時にベッドに倒れ込んで、4時15分には起きて仕事を始めるみたいな生活を続けてました。肉体的には、もうふらふらです、ほんとにふらふらだった。でも、つらいと思ったことは一度もなかった」

一軒のレストランをオープンするにあたって、やらなければならないことのすべてを肇は自分でやろうとした。いや、実際にほとんどすべてを自分の手でやり遂げてしまった。

陽子は言う。

「人生の大きな決断ってあるじゃないですか。たとえば仕事を辞めるとか、何千万円という大金を借りるとか。米田はそういう大きなことに関しては即断即決というか、周囲が驚くくらいあっさり決めてしまうんです。ところがとても些細なこと、たとえばテーブルクロスをどちらにするとか、メニューの紙質をどうするとか、そういうところでものすごく悩むんです。どこかで見切りをつけて『もうどっちでもいいや』とは、絶対にならない。自分が納得できるまで、ずっと悩み続ける」

レストラン全体のプランはもちろん、壁や床の材質や色から、ホームページで使う写真の1カットに至るまで、すべてについて彼はその調子で悩み抜いたのだった。

たとえば壁の色にしても、エントランス付近と奥のダイニングでは、よほど注意深い人でなければ気づかないくらい微妙に違う色に塗られた。エントランス付近はごく微かに寒色が混ざったクリーム色で、ダイニングは微かに暖色系が強いクリーム色だった。入り口からレストラン全体を見渡したときの奥行き感を演出するためなのだが、そういう細かな工夫もすべて肇のアイデアだった。テーブルの大きさも、椅子の高さも、ミリ単位まで自分で決めた。この時期の肇は、いつもポケットに荷造り用の紐を忍ばせていた。出かけた先で、ちょうどいい大きさのテーブルや、座り心地のいい椅子に出会ったときに、その幅や高さを測るためだ。そうやって決めた彼の店の椅子の脚には、特殊な部品がついている。徹底的に研究して最適な高さを見つけたのだが、どんなに探してもその高さの椅子が見つからないので、特注で部品をつけさせたのだ。と言っても、調整した高さは数ミリでしかない。

椅子の高さの数ミリの差が、座り心地にどれだけの影響を与えるのかわからない。身長も脚の長さも人それぞれなのだから、数ミリの違いにこだわる意味はないという考え方もあるだろう。椅子の高さに正解などはないのだ。もちろん彼だってそんなことはわかっている。

けれどそれでも、答えのない問題の最適解を探して見つけた以上、その最適の高さの椅子が見つからないからといって、数ミリ低い椅子で妥協するのは、肇には敗北以外の何物でもなかった。

「95パーセントまでは誰だって努力できる」と彼は言う。みんな成功したくて努力しているのだ。95パーセントまでは誰だって努力する。けれど成功するのがほんの一握りの人でしかないのは、ほとんどの人が95パーセントで力を抜いてしまうからだ、と。

１００点満点の試験で95点は悪くない、目標の95パーセントを達成すれば完成したのと同じだ。

と、普通の人は考える。

けれど、そう考える人は、いつまで経っても普通の人のままだ。

ほんとうに努力しなければならないのは、そこからなのだ。マラソンだって登山だって、ゴールの直前がいちばんつらい。そのいちばんつらい部分、胸突き八丁の最後の5パーセントでどれだけ踏ん張れるかが勝敗を左右する。

「人間の作り出すあらゆるモノのクオリティは、その最後の最後でどれだけ努力できたかで決まるんです。これで完璧だと思ったところから、さらに積み重ねた努力がクオリティの差になる。そして、その努力に終わりはない。『これで完璧だと思ったら、それはもう完璧ではない』というのは、そのことを言っているのだと思います」

こうして『Hajime RESTAURANT GASTRONOMIQUE OSAKA JAPON』は開業の日を迎える。

2008年5月12日のことだ。

スタッフは厨房4名、サービス担当3名の計7名。一緒にやりたいと言ってくれた後輩とソムリエを別にすれば、他は未経験者だった。フランス料理どころか、飲食業界そのものも初めてという若者ばかりだった。下手に経験者を揃えるよりも一からスタッフを育てたかった……と言えば格好は良いが、スポンサーも後ろ盾も何もないただの駆け出しシェフの肇が、優秀なスタッフを探してもまず見つからないのが日本の飲食業界の現実だった。

つまり彼は未経験者の集団を率いて、三つ星レストランを作ろうとしたのだ。

それがどれだけ大変なことかは、彼自身もよく理解しているつもりだった。草野球チームを率いて、プロ野球の試合に出場するようなものなのだ。

スタッフは開業の1ヶ月以上前に雇用し、それぞれの職種のトレーニングを繰り返してきた。心の中で温めてきた理想のレストランの姿を話し、レストランのサービスについて語り、スペインの『エル・ブジ』やイギリスの『ザ・ファット・ダック』のように、世界中から客が来るレストランにしたいという抱負も、それを実現するための戦略や方針も語った。経験は浅くても、1ヶ月が過ぎる頃には少なくとも心構えだけは優秀なスタッフに育っていたはずだった。満を持してとまでは言えないけれど、できる限りの準備をして店をオープンしたつもりだった。

けれど、初日の客が2人だけで、しかもそれが友人だったのは、肇の幸運だった。

肇が厨房にいた頃、洞爺湖の『ミシェル・ブラス』で総支配人だった人が、わざわざ大阪まで食べに来てくれたのだ。その元総支配人は「オープン初日からこんなに完成度の高い料理が出て驚いた」と感心してくれたけれど、肇には気を遣われたとしか思えなかった。料理の内容にも満足できなかったし、サービスに至っては何もかもがちぐはぐで、何一つまともにできなかった。1ヶ月の訓練期間では短すぎたのだろうか。

レストランの仕事を、肇が甘く考えていたわけではない。文化の異なる日本とフランスの厨房で働きながら、この仕事の難しさをしっかりと見つめ、自分ならどういう店作りをするか考え抜いてきたつもりだった。それでもやはり、見ることと、自分ですることはまったく別のことなのだった。

肇が初めて経験した難しさは、人を使うということの難しさだった。厨房で盛りつけに夢中になっている自分でも、そろそろ客のコップに水がなくなっているんじゃないかと気になるのに、ホールに突っ立っているソムリエは、目の前の客のコップが空になっているのに動こうともしなかった。客のテーブルから下げた皿はシンクの中に置かれたまま、肇が気づくまで誰も洗おうともしない。『洗え』と怒鳴ったら、ようやく一人が動き出したが、その動きが驚くほど遅くてスローモーション映像でも見ているみたいだった。何をさせるにも、床に落ちたゴミ一つ拾わせるにも、いちいち肇が指示しなければならなかった。今時のロボットの方が、まだましな動きをするだろう。ふと、最初に働いたレストランのことを思い出した。シェフは当時の何もできない自分を見て、今の自分と同じことを思っていたのではなかろうか。

そのさんざんな初日を終える頃には、疲労困憊していた。他ならぬ肇自身が、このレストランで自分が何をしたかったのかがわからなくなってしまった。

記念すべき最初の2人の客を見送って、最初に肇が決めたのは、翌日から3日間店を閉めることだった。かなり格好悪いが、予約など一件も入っていなかったし、予約せずに店に直接足を運んでくれる客がいるとも思えなかった。いたとしても、何をしたいのかもわからないまま営業をしているようなレストランで食事をするよりはましだろう。

それから3日間、スタッフを客役とサービス役に分け、客がドアを開けて入ってくるところから、席に案内し、オーダーを取り、料理を運び、ワインを注ぎ、最終的に客を見送るところまで、一つ一つの接客についての考え方を丁寧に語り、練習を何度も繰り返させた。接客マニュアルのようなものはない。マニュアルは便利かもしれないが、どうしても接客が画一的になるし、なにより自分で考えなくなる。大切なのは、スタッフ一人一人が自分の心で感じ、自分の頭で考えることなのだ。

自分の頭で考える。それは肇が幼い頃、みんなから少し離れたところで、独りぼっちで遊んでいた時代から自然にやっていたことだ。けれど、人を使うようになってわかったのは、それを教えるのがきわめて難しいということだった。自分の頭で考える人間は、むしろ少数派なのだった。

何度でも繰り返し繰り返し、同じことを言って聞かせるしかなかった。

その作業は肇にとって、自分のやりたかったことをもう一度思い出す作業でもあった。現実はいつも理想を打ち砕く。思わぬ誤算、信じられないミス、落とし穴、想定外の出来事……。始める前には、簡単だと思っていたことが、いざ取り組んでみると、途轍もない難事業に変わってしまう。

それが現実の壁というもので、だからこそ何かを成し遂げるのは難しい。理想が泥まみれになるのは、現実というゲームのデフォルトなのだ。

現実という泥沼の中から、砕け散った理想をもう一度拾い集め、自分たちの理想としてふたたび高く掲げるために、格好悪かろうがなんだろうが、開店したばかりの店を3日も閉めたのだと思う。

とはいえ、たった3日で状況が変わるはずもない。

「最初の頃は、お客さんが一日1組しか入らないなんて日がよくありました。いや、1

組も入らない日だってあった。それなのに、やることはいくらでもあった。メニューを考えなきゃいけない、ワインリストもきちんとしたものを作らなくちゃいけない、スタッフに魚のおろし方も教えなきゃいけない、接客についても話さなきゃいけない。あれもできていないこれもできていないという状態で、改善しなきゃいけないことは山ほどあった。お客さんは1組しか入ってないのに、厨房を出るのは夜中の2時過ぎなんてことはざらでした。それでもまだ仕事は終わらない。夜中の3時過ぎに家に帰って、ようやく料理のことを考え始める。次はどんな料理を作ろうって、料理の本を見始めて、そのまま本を抱きながら眠ったりしてました。寝るのが明け方でも、翌朝6時半には市場へ行き、魚を仕入れて、スタッフが来るまでに、鱗を全部落として、さばいて、ラップして冷蔵庫に入れて。それが終わったら、クルマで岩永さんの店までパンを取りに行って。クルマを持ってるスタッフが一人もいなかったから、私が行くしかなかった。で、パンを取って帰ってくる頃にスタッフが出てきて、それから魚のおろし方を指導したり、魚に火入れをしてました。基本的なことから教えるんだけど、それもまともにできない。『これ違うだろう。全部ゴミ箱だ』っていうのを、毎日のようにやってました」

食材の下処理は、厨房のスタッフ仕事のいわば定番だ。けれど、それすら任せられなかった。食材はいつも最上のものを使っていた。魚はフランス料理店向けの仲買でなく、老舗料亭や鮨店に卸す専門の仲買業者から仕入れていた。もちろん値は張る。それだけに客が入っていない状況では、わずかでも食材を無駄にする余裕はなかった。

「ほんとに素人のスタッフしか集まらなかったんです。フォアグラも見たことがないという人を何人も教えてましたから。食器洗いも、営業中は私が全部やってました。スタッフに任せると食器が山ほどたまって、仕事が回らなくなるんです。私は3人前は動けるから、食器をぶわーっと洗って、料理を盛りつけて、魚焼いて、肉焼いて、また食器洗ってって、ほとんど一人でやってました。その合間に厨房のドアの隙間からホールを見て『あそこ、グラスに水入ってないぞ』とかやりながら。なんとか軌道に乗るまで1年くらいかかったんだけど、その1年間は戦争みたいでした。お客さんが入らないといっても、『ミシェル・ブラス』のヴィヨンド・シェフが店を出したっていうのでわざわざ食べに来てくれるお客さんはいるんです。そういうお客さんをがっかりさせたくはないんだけど、料理がなかなか出せない。最初の頃は、コース料理を全部出し終えるのに5時間もかかってました。『もうあり得ない』って言われましたから。スタッフのレベルさえ上がれば、もっと楽なんだけどって、よく思いました。彼らがもうちょっとなんとかなってくれれば、もっと違うことできるのにって。一人でやった方が楽なんじゃないって言うお客さんもいました。確かにそうかもしれない。正直言えば、考えたこともあります。一日1組のお客さんしか受けない料理店とかあるじゃないですか。それなら私一人でできる。それもいいかなって。でもそうしなかったのは、自分も前の世代に育ててもらったからです。自分の表現をしたいがために、自分一人でやったら、前の世代に教えてもらったことを、次の世代につなげない。仕事のできない私を、鍛えてくれたシェフがいたからこそ、なんとかここまで来れたわけですから。次の世代につなぐことで、その恩返しをしなきゃって思ったんです。まあ、そういえば格好いいんですけどね。教えることそのものは苦じゃないし、最初はずーっと教えてたんですが、でも何度繰り返し教えても、説明してもちゃんとできるようになってくれないんです。普通なら知ってるはずのことも知らないし。だからいつも怒ってたし、ずっとイライラしてました。なんでこんなこともできないんだろうって頭に来るばっかりで、自分の料理にちっとも集中できない。それでどうにもならなくなって、皿洗いから仕込みから、全部自分でやってしまうようになったんです。それなら怒らなくてすむから。最悪ですよね。でも、その状態がかなり続きました」

パン職人の岩永が『Hajime』を訪ねたのは、そういう時期のことだ。岩永が一人の客としてテーブルについて、米田肇の料理を最初から最後まですべて食べるのは、その日が初めてだった。

「一つ星の料理だねって、米田さんに言ったことを憶えてます。実を言えば、僕は彼の料理をよく見たことがありませんでした。日本でもフランスでも話は飽きるほどしたし、米田肇という人間はしっかりと見てきたつもりだけれど、彼の料理をきちんと食べるのはそれが初めてだった。僕はたくさんのフランス料理を食べてきました。その中で彼がどれくらいの料理を作るかということに興味があったんです。米田さんの料理は、すごく高い技術力のある、そつのない、途轍もなく綺麗な料理でした。そういう意味で、ここがフランスでも星一つは取れる料理だと言ったんです。米田さんは最初からこのレベルまで持ってきたんだな、さすがだなと思いました。でも二つ星、三つ星の料理ではなかったんです。気負いは感じたけれど、まだまだお皿の上に米田さんがいなかった。それがもっと出てこないことには、僕がここで食べる意味はないというのが、正直な感想でした。だから、それからしばらくは行かなかった。次に米田さんの料理を食べたのは1年後でした」

岩永が見ていたのは、皿の上よりも肇の内面だった。

開業間もないこの時期、スタッフの訓練に四苦八苦しながら、それでも途轍もなく綺麗な料理を出すことができたのは、肇の技術の高さを物語る事実ではある。

けれど、肇は満足していなかった。やりたいことの10分の1も実現できていなかった。

よく考えれば、この時期の肇の不満の原因は、スタッフだけの問題ではなかったはずだ。スタッフの教育に時間を取られたのは事実だろうし、そのせいで自分の料理に集中する時間が削られたのも本当だろう。けれど、そのことと『お皿の上に米田さんがいなかった』のは、また別の問題だ。

肇自身も迷いと、生みの苦しみの中にいた。わかりやすく言えば、スタッフが未経験者だったように、彼自身もシェフとしては素人同然だった。部門シェフとしての修業は積んだけれど、シェフを経験したことは一度もなかったのだ。

シェフと部門シェフは、ある意味でまったく別の職業といってもいい。少なくとも、作曲家と演奏家くらいの違いはある。部門シェフは、シェフの考えた料理をシェフの決めたレシピ通りに作る。たとえばモーツァルトのピアノ協奏曲をピアニストが演奏するように。どんな感動的な演奏をしようと、その曲をそのピアニストの曲とは呼ばない。何百回演奏しようと、その曲の作曲者はモーツァルトだ。

シェフと部門シェフの関係もこれとよく似ている。部門シェフは料理を作りはするけれど、創造するわけではない。料理を作品とするなら、作者はあくまでもシェフだ。

肇はその作者にならなければならなかった。料理の技術に関しては、7年間の修業で自分が望み得る最高の高みに達した自信があった。ミシェル・ブラスのような人は別として、他の料理人に引けを取るとは思わない。けれど新しい料理の創造に関しては、何の経験もなかった。しかもただの料理ではない、新しいフランス料理を作らなければならなかった。そればかりは誰に教わることもできなかった。自分一人で手探りでやっていくしかなかった。

もしそれが最初に彼が考えたような、ビストロ的なレストランだったら、それほど苦労することはなかったかもしれない。前にも書いたように、ビストロの料理に求められるのは素直な美味しさだったりリーズナブルさだったりするわけだから。美味しい料理を作るのは、それほど難しいことではない。

あるいは、ビストロでなくても、かつての日本のフランス料理店だったら、肇のような悩みはなかったかもしれない。求められるのは、本場フランスと同じ料理かどうかなのだから。神戸のレストランで働いていたとき、肇自身がそう思ったように。

「このフランス料理店では、本物のフランス料理を出しているのだろうか？」

それは遠い昔、辻静雄が思ったことでもあった。その時代から実に長い間、日本のフランス料理店はその基準で評価されてきた。フランス料理なのだから、当然といえば当然だ。

けれど、時代は急激に変わった。米田肇がフランス料理の修業を始めた90年代後半から、わずか10年ほどの間にフランス料理をめぐる状況は大きく変化した。唐突なようだがインターネットの爆発的な普及が、変化の引き金になったのだと僕は思っている。ちなみに肇が料理学校に入学した1998年は、スタンフォード大学の大学院生だったラリー・ペイジとセルゲイ・ブリンが、カリフォルニアのアパートの一室で小さな会社を立ち上げた年だ。それがグーグルの始まりだ。

簡単に言えば、個人的な感想まで含めた様々なタイプの情報がインターネット上で共有されるようになり、フランスから遠く離れた日本のフランス料理店も単なるフランスの後追いでは評価されなくなったのだ。

インターネット以前なら、たとえば東京のAというフランス料理店の料理がパリのBという料理店の料理の単なる模倣だったとしても、その情報は一部の食通だけのものだった。それが今や、ほとんど瞬時に世界中に広まってしまう。

美味しいだけでは足りない。単なる模倣は、もちろん通用しない。

「人を感動させなきゃ駄目なんです。ただ美味しいというくらいじゃ、三つ星は取れない。たとえ感動的に美味しかったとしても、もしそれがただの物真似だったら評価されない。スタッフには『お客様の美味しいを、鵜呑みにしちゃいけない』と、口を酸っぱくして言っています。『もしお前がどこかよそのレストランに行って、店の人に料理の感想を聞かれたらなんて答える？』って。不味くても、口では『美味しいです』って答えますよね。お客さんが美味しいって言ったからって喜んでたら駄目なんです。お客様の本当の気持ちを読み取らなきゃいけない。『面白い料理ですね』というのも、あまり積極的な評価ではないですよね。『こんな料理食べたことありません』という感想は、まあ肯定的な評価かな。『感動しました』なら、喜んでもいいかもしれない。涙をこぼしてくださるお客様も時にはいらっしゃるんですが、そこまでできたら合格だねとか、あの頃はミーティングのたびにそういう話をよくしてました。格闘技じゃないけど、お客さんを感動させたら私たちの勝ち、感動させられなかったら負けなんです。ただ、今から思えば、その方法論が確立していなかった。あの頃の私は、とにかく暇さえあれば世界の三つ星クラスのレストランの料理の本を繰り返し見てました。もちろん、ミシェル・ブラスの本も。いや、いちばんよく見てたのは、ミシェルの本でした。妻にまで、『どうしてそんなにいつもミシェルの本ばかり見てるの？』って言われるくらい見てました」

陽子がそう言ったのには、別な意味もあった。『ミシェル・ブラス トーヤ ジャポン』

の出身者であることは、開業したばかりでまだ名前が知られていなかったこの時期の肇にとっては重要な経歴だった。ミシェル・ブラスは三つ星シェフの中でも、神秘のヴェールに包まれたある種特別な存在だ。その弟子が店を持ったということだけで話題になったのだ。肇も開店当初は、自分のプロフィールに『ミシェル・ブラス トーヤ ジャポン』出身であることを記していた。

けれどしばらくすると、肇はその表記を削ってしまう。

彼にとって、ミシェル・ブラスが心から尊敬する料理人であり、大切な道標であることは動かない事実だ。けれど、ミシェルの店で仕事をしたのは、あくまでも通過点だった。旅客機の航続距離が短かった時代、ヨーロッパに着いたときにアラスカ経由で来たか、中近東経由で来たかを話題にしたのと同じように、自分の過去の通過点を語ったに過ぎないのに、世間は彼をそう見なかった。肇の料理のあらゆる細部にミシェル・ブラスの料理の影響を見いだし、ミシェル・ブラスの料理との比較で肇の料理を語ろうとした。それが、耐えがたくなったのだ。皿の向こうに真っ直ぐ米田肇という料理人を見ようとする岩永のような特別な客もいることはいたけれど、それはよほど料理のことか、あるいは肇本人を知っているごく少数の客に限られた。

そういうこともあって、開業してしばらくすると肇はミシェルの影響を払拭すべく努力を重ねるようになる。にもかかわらず、暇さえあればミシェルの本のページをめくっていることを、妻の陽子が不審に思ったのだ。肇は、真似をするためにミシェルの本を見ていたわけではない。それは他の料理人の本についても同じことだ。他人の料理を作るつもりは、もちろんなかった。

「私が恐れていたのは、お客様を失望させることでした。お客様は『ミシェル・ブラス』の厨房で働いていた料理人の料理を食べに来るわけです。三つ星のレベルのフランス料理が出なかったら失望しますよね。それが怖かった。だから私は、三つ星の料理を作らなきゃいけなかった。しかも、私のレストランである以上、それは『ミシェル・ブラス』で私が作っていたのとは違う新しい料理でなければならない。それでミシェルや、その他の三つ星レベルのシェフのフランス料理の本を読み漁りました。たとえばあるシェフが料理の中でナスを使っていたとします。なるほどと思ったら、なぜその料理でそういうナスの使い方をしていたかを考える。そうか、ナスのとろける食感を使っているんだな。じゃあ、他の食材に置き換えたらどうだろう。青梗菜《チンゲンさい》に火を通せばとろっとするから、青梗菜を合わせたらどんな味になるだろう……。そういう思考実験を繰り返して新しい料理を創造していったんです。一皿の料理を、肉、火入れの方法、つけ合わせ、ピュレ、ソースというパーツに分解し、それぞれのパーツを違うものに置き換えて、新しい組み合わせを考えるわけです。そのとき一つ一つのパーツをより洗練させれば、発想の元になった料理を超えられるはずです。料理の技術には自信があったから、それをやれば負けるわけがない。そういう構築の仕方でした」

自分自身の嗜好や趣味は、料理に反映させないようにしていたと肇は言う。なぜなら自分が作るのはフランス料理だから。美味しければ何でも皿の上に載せていいというわけではない。それは『本物のフランス料理』でなければならなかった。つまりフランス料理の文脈の中で、料理として成立している必要があった。だからこそミシェル・ブラスの影響下から逃れようとしながら、それでもミシェル・ブラスの本を見続ける必要があったのだ。本に載っているのと同じ料理を作るなら、こんな簡単な話はない。レシピは頭の中に叩き込まれていたから、本を見る必要はなかった。肇は料理の写真の向こう側に、言うなればフランス料理のエッセンスを見通そうとしたのだろう。

けれど、料理の写真をどれだけ見続けても、そんなものが見えるはずはない。料理を生み出すのは彼の心であって、料理の写真ではないからだ。自由な心の動きを抑えつけて、新しい料理を考え出そうというのだから、その作業はかなり苦しかったに違いない。それでも肇は、そのやり方にこだわった。自分の方法で勝手にやって、フランス料理ではなくなってしまうことを恐れたのだ。

肇の話を聞きながら、僕が連想したのは武術の修行の話だった。武術ではまず最初に、徹底的に型を教え込む。同じ動きを何度も繰り返している姿を見ると、それこそ型にはまった窮屈な運動のように見えるけれど、型を身につけるのは自由になるためだ。繰り返しによって動きが小脳にプログラミングされてしまえば、考えなくても動けるようになる。大脳皮質が解放されて、相対した敵の動きに応じて素早く、そして自由に創造的に動けるようになるのだ。

本当の意味ではおそらくフランス料理に型はないけれど、それでもフランス人にある程度共通する思考の癖のようなものはあるに違いない。フランスの三つ星シェフたちが作る料理の癖にあえて縛られながら料理を作っていたこの最初の時期は、そういう意味では三つ星のフランス料理を発想する型を学んでいた時期だったのかもしれない。

その型の修練から解放されて、ある程度自由に料理のことを考えられるようになったのは、たぶん開業から5ヶ月目に入った頃のことだった。たぶん、と書くのは、肇本人にはその自覚がないからだ。彼にわかっているのは、この時期に、自分の料理が突然大きく変わったことだ。

それは、２００８年の夏の終わりだった。肇はその日の料理について頭を悩ませていた。ぎりぎりになるまでメニューが決まらないのはいつものことだが、その日はディナーの営業時間間際になってもほとんど何も決まっていなかった。決まっていたのは、特別に注文したガラスの大皿を使うことくらいだった。その皿に、『Hajime』のスペシャリテである、野菜の料理を盛りつけることだけは決めていた。けれどその皿も、夕方になってようやく届いたばかりだった。そこにどんな料理を盛りつけるかは、何も考えていなかった。いや、考えることは考え続けていたが、何も思い浮かばなかった。

「料理ができない、できない。どうしようって、営業時間近くまでずっと言ってたんです。その夜のお客様は、ある有名な評論家の方でした。料理の世界ではものすごく影響力のある人なので、当然意識はしていました。いや、正直言えば、その人がウチの店に来てくれたらいいなってずっと思ってました。そう思ってた矢先に一度来られて、そのときにすぐ次の予約を入れて、その日は2回目の来店だった。それなのにメニューが全然決められなかった。その方に取り上げられたレストランは有名になったりしてましたから。やっぱり気負ってたのかもしれない。『どうしよう』って焦ってた。ところが、その方が予約された時間が迫ってきて、いよいよ料理を作り始めなきゃほんとうに間に合わないというときになって、突然爆発するみたいにアイデアが湧いてきたんです。魚の融解温度を狙うという言葉が最初に浮かんだのも、確かあのときだった。手でつまんで食べるタイプのアペリティフも、フォアグラも、その後長い間作り続けることになる私の料理の原型が、そのときにポンポンポンと出来上がった。あまりにもガラリと料理が変わったので、スタッフが『すごい、すごい』って驚いていたのをよく憶えてます。特別製のガラスの皿も、そのときに初めて使いました。それまでの野菜の料理は、50種類くらいの野菜を使っていたんです。その料理を作るために、その夜は106種類の野菜を用意しておいたんです。その106種類の野菜を、全部そのガラスの丸い皿の上に盛りつけました。その上に、アサリのエキスで作った泡を載せて、全体で地球を表現したんです」

その野菜の料理は『ミネラル』と名づけられ、肇の代表的料理の一つになる。

何かに喩えるなら、それは野菜で描く絵画だ。厨房を覗かせてもらったことがある。100種類余りの野菜は、その性質が感じられる最小単位の大きさに切られて、湯がかれ、蒸され、焼かれ、あるいは生で、それぞれの味や香りを引き出す温度と方法で火入れをされて、パレットのような容器に種類ごとに分けられている。その隣に、例のガラスの丸い大皿が置かれている。その前に立った肇が皿の上に、素晴らしい速度で野菜を置いていく。印象的だったのは、100種類の野菜をどこに置くかについて迷いがないということだった。書家が筆を揮《ふる》って一気呵成《いっきかせい》に文字を書くように、野菜を次々に置いていく。瞬く間に一幅の絵画のような料理『ミネラル』が完成した。

絵画と違うのは、絵の具である一つ一つの野菜は、色だけでなく、味と香りと歯触りと、さらには温度もそれぞれに違っているということだ。言うなれば、5本の座標軸で表現される5次元の複雑さを持っている。もちろんそれは、食べるという行為によってしか鑑賞することができない。鑑賞する端から消えていく。消えながら、五感に忘れがたい鮮明な印象を刻む、途轍もない絵画だ。

「味は基本的にはバランスなんですけど、私の場合はまずどこをメインのポイントとするか決めて、それをお肉料理だったら、食べている間に飽きないように、そのお肉のいろんな側面が感じられるようにする。ピカソの絵のように、目も鼻もお尻も全部前に向けて描くわけです。わかりやすく言えば、かつての肉料理は、たとえばトンカツのように1種類のトンカツソースの味だけで食べさせるわけです。けれどケチャップ、マヨネーズ、わさび、生姜、醬油、塩、ポン酢っていろんな種類のソースをそこに用意しておけば、1個ずつ全部違う味で食べられる。それぞれのソースが、肉の味や香りの個性を浮き彫りにするわけです。私は、その次に、そこに並べるソースがそれぞれ全部合うように作る。ソースを全部混ぜ合わせたときに、これがまた調和して美味しいように調節する。だからイメージとしてはピカソの絵なんです。全部の面がこっちを向いているんだけど、調和していて面白い。ミネラルという野菜の皿も、そこを狙っています」

そういう料理が、この時期になって突然続々と生まれた。なぜそうなったのかは、肇自身もよくわからない。あえて説明するなら、コップに水がたまるように、そそがれたフランス料理のエッセンスで米田肇という容器がいっぱいになって、ついにあふれ出たのかもしれない。武術で言うなら、型の練習は卒業し、自由に組み手ができる段階に達したのだろう。

自分の趣味や嗜好は料理に反映しないと言っていた肇が、この頃から少しずつ自分の好みの美味しさを料理につけ加えるようになった。自分の好みを反映した料理に対する反応は、肇の想像よりずっと高かった。「面白い料理ですね」だけだった客の反応が、「こんな美味しい料理は、今まで食べたことがない」に変わり始めた。

もっとも、それで何もかもが上手くいったというわけではない。『Hajime』の名がフランス料理好きの間でたびたび話題になり、予約が入るようになっても、ほとんどすべての料理を彼一人で作るのに近い状態が続いていた。そのまま客が増えれば、対応できなくなるのは目に見えていた。肇が1年あまりかけて見つけた店は、広さでは20人以上の客を受け入れる余裕が充分にあったけれど、この態勢では完成度の高い料理を出すことは不可能だった。

肇は一晩の客の上限を6名にして、それ以上の予約を受けないようにした。

つまりこの時期の『Hajime』は最大でも6人の客を、7人のスタッフで迎えていた。経営的にいえば苦しかったけれど、そんなことは言っていられない。

20人の客に中途半端な料理を出してしまうくらいなら、まずは6名の客を、心から感動させるところから始めようと思った。そこから、少しずつ増やしていくしかない。

その地道な作業を続けながら、肇は毎晩のようにインターネットで『Hajime』に関する書き込みを読み続けた。好意的な評価が多かったけれど、手厳しい意見もないわけではなかった。酷いことを書く人も中にはいた。批評や批判だけでなく、明らかな中傷もあった。『Hajime』の知名度が上がるにつれ、そういう書き込みが増えていった。よく読めば『Hajime』に来たこともないのに、想像だけで批判しているような書き込みもあった。

誰かが成功すると、その成功を憎み嫉《そね》む人がいる。哲学者のキルケゴールはその感情をルサンチマンと呼んだ。弱者の強者に対する憎悪だ。インターネット時代になって、そのルサンチマンは書き込みという手段できわめて簡単に発散されるようになった。発散するのは簡単だが、それを受ける側がどれだけ深く傷つくかは経験しないとわからない。それを有名税だと言う人もいるけれど、それが原因で人間不信に陥った有名人は少なくない。

けれど肇は貪欲だった。店を少しでも良くするために、すべての書き込みを読んだ。レストランのランキングサイトだけでなく、2ちゃんねるの掲示板まで隈なく読んだ。

「どんな批判にも真実は含まれている」と彼は言う。その真実は店を改善するヒントになるかもしれないのだ。

とはいえ、肇は特に打たれ強いわけではない。酷いことを書かれれば落ち込む。いや、ほとんど命懸けで仕事をしているだけに、むしろ普通の人より深く傷ついたかもしれない。

「料理人は、お客さんに喜んでもらいたいがために、夜中までかかっても厨房をピカピカに磨き上げて帰るんです。寝る時間を削ってでも料理を作っている。酷いこと書かれたらそれは傷つきますよ」

書き込みの中には、よく読めば誰が書いたかわかるものも少なくなかった。数日前に『Hajime』に来た客が、酷いことを書くこともあった。帰り際にお見送りをしたときには、「すごく美味しかったです。感動しました。また来ます」と手を握ってくれたにもかかわらずだ。そういう書き込みを見た日は、ほんとうに深く落ち込んだ。それでもその客の気持ちになって、その書き込みを必死で読んだ。よく読めば、そこから改善すべき何らかのポイントが浮かび上がってくるかもしれない。

それはよほどつらい作業だったのだろう。そのダメージが、精神だけでなく肉体まで蝕《むしば》むようになった。２００８年のクリスマスを前にして、肇はついに入院を余儀なくされる。病名は十二指腸潰瘍《かいよう》だった。ストレスが原因だと言われた。神経性の蕁麻疹《じんましん》まで併発していた。

それはかならずしも、書き込みだけが原因ではない。追い詰められたのは、後から考えれば、もっと本質的な肇自身の抱える問題にも原因があった。

病院を退院すると、その年の年末年始の休暇は、日本を逃れるようにしてフランスへ旅立った。短い期間だが、もう一度、フランスで修業をするためだ。修業先はノルマンディのオンフルールという港町にある『Sa.Qua.Na.（サ・カ・ナ）』という名の二つ星レストランだった。自分の原点であるフランス料理に戻って、この苦しさから抜け出す方法を探そうと思った。シェフになって自分の店を持つようになってから、もう一度修業した人などいるだろうか。

遠くに光は見えていたけれど、周りを見回せば真っ暗闇だった。

長いトンネルに足を踏み入れてしまったみたいだった。いつになったら、抜け出せるのか見当もつかない長いトンネルだった。

その紳士が米田の店にやって来たのは、肇がその短い修業から帰ってしばらくしてからのことだった。フランスから帰っても、店の状態は以前とほとんど変わっていなかった。つまり、他のテーブルには一人の客も座っていなかった。

別に焦る気持ちはなかった。いつかはわかってもらえる日が来ると、何の根拠もなく信じていた。

いや、根拠がないわけではない。

自分の感覚のすべてが、自分のやり方は間違っていないと告げていた。傲慢かもしれないが、自分のやり方が世界に受け入れられないなら、そんな世界には興味がないとすら思った。

肇は自分の料理を、精巧な機械式の腕時計と同じように考えるようになっていた。直径40ミリほどのムーブメントが、600個も700個もの部品から構成される人類史上最も緻密な精密機械だ。

そういう時計は、部品を組み立てただけでは正常に動かない。何百個もの部品の一個一個を、ネジを締めたり、緩めたりしながら、どこまでも丁寧に、根気よく、微調整していった末に初めて、設計者が期待した通りの芸術的に正確な時を刻むようになる。

自分の作る料理も、他の人には誰も想像できないような無数の、数限りない微調整によって完成する、ある種の精密機械なのだ。たとえば塩を一粒増やすこと、温度を0・1度上げることが、最終的な味をどう変化させるか。何を加えなければいけないか、何を引かなければいけないか。そういう地道な作業を、来る日も来る日も、飽くことなく繰り返して完成させた自分の料理は、正確無比な時を刻む時計のように、この世のすべての人の心をつかみ、揺さぶり、感動させるだろう。

そのすべての微調整を終えるまでには、まだまだ気の遠くなるような時間がかかることは、肇自身がいちばんよくわかっていた。

それでも、わかってくれる人は絶対にいると確信していた。

たとえば、この一切れの鯖の切り身にしても——。

鯖はその皮と身の間に、美味しい脂を秘めている。その脂肪が融解するぎりぎりの温度を狙いながら、ゆっくりと身の全体に火を通していく。五感を研ぎ澄ませ、微妙に変化していく鯖の身の状態に神経を集中しながら温めていくと、やがて奇跡のような瞬間が訪れる。魚の身を構成する細胞が、まるで命をふたたび宿したように、いっせいに膨らむ瞬間があるのだ。その一瞬のタイミングを見誤らずに、そっと引き上げる。

そうやって火を通した鯖の身の驚くべき弾力に富んだ食感と、嚙んだ瞬間にそれが魔法のように溶けて口いっぱいに広がる驚きは、世界中を探し回っても出会うことができない。この火通しの微調整は、まだ誰も見つけていないはずだからだ。そこに今日はカリフラワーのピュレと、ローストしたアーモンドの香りを加えた。淡くかぐわしい個性的な鯖の香りを、その繊細な甘さが引き立ててくれるはずだ。

今夜の唯一の客である紳士が、自分の料理を喜んでくれるかどうかはわからない。自分にできるのは、持てる力のすべてをそそいで、あの客のために、今夜この地球上でいちばん美味しい料理を作るだけのことだ。

肇は完璧な状態に火入れをした鴨肉の表面に、仕上げのフルール・ド・セルを置いていった。ブルターニュ半島の付け根のゲランドの塩田で、太陽の光と風だけで海水を蒸発させて作った塩の薄片結晶だ。

食べる人が鴨肉にナイフを入れる位置を予想しながら、ピンセットで塩の位置を微調整していく。口に入れる塩の一粒で、味は微妙に変わる。最初の一口と、次の一口でも変わる。一切れごとに、塩加減が僅かに揺らぐように調整する。完全に均一では、塩加減がどんなに絶妙でも舌が飽きるからだ。そして最後の一切れを食べ終えたときに、食べ手が満足の吐息をもらす姿を脳裏に描きながら、慎重に最後の塩の一粒を置き終える。その人がそのときに味わう感動。それこそが、突き詰めれば、肇が料理を作る理由のすべてなのだった。

ストップウォッチで測ったら、塩を置き始めてからそこまで10秒も経っていないはずだ。充分に集中すれば、時間を引き延ばせることは修業が教えてくれた。

完成した皿をトレイに載せ、若いメートル・ドテルが運んでいく。背筋を伸ばせと声をかける。お客様は君の背中を見ている。その背中の佇まいが、料理の印象を変えてしまうことを忘れるな。

ネジを締め、ネジを緩める場所は、皿の上だけではない。

本当に完成するのはいつの日になることか、それはまだ皆目見当もつかない。あるいはそんな日は永遠に来ないかもしれない。これが完璧な自分の料理だと、世界に向かって宣言することのできる料理など、死ぬまで続けても自分には作れないかもしれない。けれど、それでもいいと思った。この道の先に頂上があることを信じ、自分はどこまでもどこまでも高みへと登っていく。それが、自分の料理なのだ。

今夜が最後の夜だとしても何も悔いはない。

紳士が食事を終えたときには、すでに11時を回っていた。

肇は見送るために、厨房の裏口から店の玄関に回って待っていた。夜は可能な限り、すべての客をそうやって見送ることにしていた。

けれど、紳士はなかなか姿を見せなかった。

何があったのだろう。最後のデセールまで満足そうに食べていただいたことは、サービスのスタッフの報告でわかっていた。もちろん、ほんとうに満足したかどうかは、神のみぞ知ることだけれど。

不安が心をかすめた。今夜の唯一の客であるあの紳士が、普通の人でないことは、もちろん予約が入ったときからわかっていた。予約名簿には、辻芳樹という、その人の名が書かれていた。

辻調理師専門学校の校長にして、辻静雄の後継者である。父である辻静雄の教育方針で11歳からイギリスに留学し、ヨーロッパ中の名だたるレストランを知り尽くし、世界の頂点に君臨する料理人たちとの親交も深いこの人が、今夜の料理にいかなる感想を持ったのか。

自分の料理には絶対の自信を持っているとはいえ、気にならないといったらそれは嘘だった。とっくにコーヒーも飲み終えているはずなのに、こんなに姿を見せないのは、いったいどういうことなのだろう……。

辻はその頃、厨房にいた。

米田肇という若いシェフが作った料理を初めて食べて、まず思ったのはこれを作った人間と話さなければならないということだった。

初めての料理店で食事をするときにはいつも下調べをするから、この店の米田というシェフが自分の学校の卒業生だということはわかっていた。ただ、厨房にまで押しかけたのは、彼が卒業生だったからではない。相手が誰であろうと、自分が食べた料理について話すべきことがあると感じればシェフと話をするのが辻の流儀だった。少年時代から本場イギリスのラグビーで鍛えた辻のフットワークは軽い。シェフをテーブルに呼ぶ手間をかけずに、厨房のドアをノックした。もちろん他に客がいたら、いくら磊落な辻でもそんなことはしなかっただろうが、その夜は他に客がいなかった。おたがいに形式張って、無駄な時間を使うことはない。

厨房にシェフの姿はなかった。スタッフが4人、ボケーッとこちらを見て立っていた。どの顔も若い。やはり厨房に来てよかったと思った。こういう予感がしたのだ。彼らはおそらくわかってはいないだろう。そう、何もわかっていないのだ。自分たちがいったいどういう仕事をしているのかを。

無性に、発破をかけてやりたくなった。そう思ったときには、言葉が出ていた。

「ねえ、君たち、わかってるの？　君たちは、すごい仕事をしてるんだよ！」

「『わかってるの？』っていったんだけど、反応はぜんぜん鈍くてね、『はあ』みたいな。まあその反応も、予想がつきましたけれどね。米田さんは、すごいことをやってたんです。世界のレストランを見回しても、あのレベルに達しているのは何人かしかいないというくらいの料理です。もちろん今現在の彼の料理はさらに素晴らしく進化しているけれど、そのすごさというもののエッセンスは最初に食べたあの料理の中にすでにあった。それだけに、ある意味ではとても難解な料理なんです。難解だけれど美味しい、というのが彼の料理のもう一つの特徴である優しさにつながっている。まあ、それはともかく、フランスという国に脈々と続いてきた美食文化を理解しなければ、ほんとうのところは理解できない料理です。それを、あの頃は、ものすごく簡単なサービスで出してたんです。わかりやすくいえば、三つ星の料理を、街の喫茶店で出すみたいなことをしてた。米田さん以外のスタッフが、こう言ったら悪いけど、みなさんほとんど素人だった。サービスのスタッフも、厨房のスタッフも。だから、『わかってるの？』って聞きたくなっちゃったんです。料理のスタッフは、それぞれの料理についてはきちっと米田さんに説明されているはずなんです。絶対に失敗しないように、入念に打ち合わせをしないと、ああいう料理は作れないから。だけど、じゃあその自分たちが作ってる料理が、どれくらい高いレベルにあるのかを、スタッフはよく理解していなかった。この料理の完成度を、お客さんに理解してもらえるように伝えるのは、かなり大変だろうなって思ったことをよく憶えてます。でも、米田さんは全然そういうことを気にしていませんでした。理解されようがされまいが、まったく妥協しない。ものすごく意志の固い人ですね。あのときも、お客なんてぜんぜん入っていないのに、飄々《ひょうひょう》としてるんです。そのとき一緒に食事をした人に、『だけど一度話題になったら、二度と予約の取れないお店になるよ』って言ったのをよく憶えてます」

数ヶ月後に、辻の予言は的中することになる。

肇はトンネルをくぐり抜けたのだ。

「鯖の料理が完成したのは、その少し前でした。魚の身はどの温度帯になると、どうなるっていうのはわかっているわけです。マグロのトロとかを食べていると、口の中で消えますよね。あの温度帯を作れば、一瞬で消えてなくなるんじゃないかと考える。それでまず口の中の温度を測る。36・4度。その温度で溶けるようにすれば、口溶けで驚かせることができる。口溶けの驚きっていうのは、硬いと思ってたものが、なくなる瞬間の驚きです。誰かが座ろうとしたときに、椅子を引く悪戯がありますよね。あれは椅子が高いほど、びっくりする。そこを狙います。たとえばゼリーもそうです。ゴムボールみたいな硬いゼリーは誰も驚かない。けれど普通は固まらない濃度なのに、きちっと固まっているゼリーがあります。ただしこれは固めるのに時間がかかる。1日置いても、まだ液体。1日半くらいでようやくふるふるっと固まる濃度がある。それを固めておくと、溶ける温度帯になったら、一瞬で消えるように溶けるんです。これは驚きますよ。ここで大切なのは、ちゃんと固まっていて弾力もあるんだけど、ある温度ですっと溶けること。そのためにゼラチンと水の関係を分析して、人間の口の中の温度を測って、人間の感覚も分析して、最適になるゼラチンの濃度を割り出すわけです。それと、魚の火通しは一緒なんです。皮はパリッと焼けていて、中はジューシーでトロッとしてる。このコントラストをいかに出すかが問題なんです。普通は皮をパリッと焼いたら、身は硬くなる。身を柔らかく仕上げようとすると、皮はふにゃふにゃと柔らかいままです。皮がパリッと焼けていて、身がとろとろに柔らかいという状態をどうやって作るか。鯖の身が口の中で、ふわっと溶けるように仕上げるにはどうするかを分析していって、どの温度帯まで上げて、どういう下処理して、どうしなきゃいけないっていうのを徹底的に研究して作り上げるんです。そこまでやるのが面白い」

岩永が2度目に『Hajime』の料理を食べたのは、それから少し後、開業から1年後のことだ。

「度肝を抜かれました。メニューの基本的な構成は変わってないんです。それで、これだけ変われるんだっていう、純粋な驚きでした。その1年間、米田さんの話はさんざん聞いていたし、米田さんの性格からしても、料理がかなり進化していることは予測してました。けれど、その振り幅というか、進化の幅が、完全に予想を超えていた。次元が違う料理になってました。とにかく美味しさが、突き抜けていた。どうしてこんなに美味しいんだろうっていうくらい、ものすごく美味しい。今度こそやられたと思いました。今度はちゃんと皿の上に、米田さんが載っていた。それが米田さんなんですよね。そのときだったか、その次のときだったかに鴨を食べたんですけど、もし自分が生まれ変わって鴨になったら、ここに来て、米田さんに料理してもらいたいって、ほんとに真剣に思ったくらいです」

そう言って、岩永は嬉しそうに笑った。

第九章　『Hajime』予約の取れない店になる。

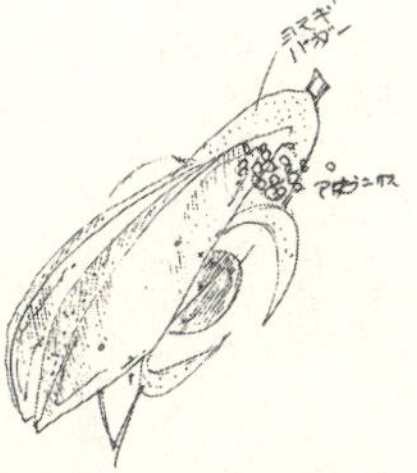

京都の建仁寺で行われた記者発表会のレッドカーペットの上で、当時ミシュランガイド編集長だったジャン=リュック・ナレは、米田肇にこう耳打ちした。

「この歳で三つ星を取るということは、あなたがポール・ボキューズでありジョエル・ロブションになるということなのですよ」

２００９年10月13日のことだ。肇は37歳になっていた。


会社を辞め、フランス料理を学び始めたのが98年の春だから、料理人への道を歩み始めてから11年目のことだ。その後、大阪と神戸のフランス料理店で３年半、フランスで2年、北海道の『ミシェル・ブラス』で１年半修業した。だから厨房での修業期間でいうなら7年間だ。

そして、２００８年5月12日、大阪の江戸堀に『Hajime』を開業する。そこから数えれば、それは１年５ヶ月と１日目の出来事だった。

どういう数え方をしても、彼が普通では考えられないくらい短い期間でミシュランの三つ星を獲得したことは間違いない。ミシュランガイドの京都・大阪版が、『Hajime』の開業のちょうど翌年の2009年から発刊されるようになったという幸運を割り引いて考えても、やはり驚くべきことだ。

「1年間で3年分の修業をするつもりでやった」と彼は言う。その言葉通り、彼は他人の3倍の速さで駆けたのだと思う。その集中力と持続力には脱帽するしかないけれど、もっとすごいのは彼がそれを自分自身の方法でやり遂げたことだ。大学を卒業して、企業に勤めて、退職して、調理師学校に入って、それから料理人の修業を始めた。手本になる人など誰もいなかった。普通に考えれば、とんでもない遠回りだし、実際にいろんな人からそう言われた。けれど、結果を考えれば、その遠回りが『いちりゅうの料理人』になるという夢を実現する最短コースだったわけだ。

興味深いのは、彼が一つ星や二つ星ではなく、最初から三つ星を目指したところだ。それまでのミシュランの歴史から言えば、それこそポール・ボキューズもジョエル・ロブションも、ミシェル・ブラスでさえ最初は一つ星だった。彼はそういう常識を歯牙にもかけなかった。

「フランスにいた頃から、三つ星レストランと、二つ星、一つ星のレストランの差の明確化はできていたんです。数学の集合の考え方を使いました。三つ星レストランといってもたくさんあります。たとえば『ピエール・ガルニェール』『アストランス』『トロワグロ』『ランブロアジー』という4つのレストランで考えてみます。その4軒の三つ星レストランを回って、全部のレストランに共通する特徴を探します。集合の図で言えば、それぞれの集合が重なる部分ですよね。その重なる部分が、つまり三つ星レストランの必要条件になる。重ならない部分は、それぞれのレストランの個性ということになる。三つ星を取るための戦略は、その重なる部分をすべて確実に自分の店のものにするということに尽きます。具体的に言えば、パリに『アストランス』という三つ星のレストランがあります。何度か食べに行ったんですが、その店に行ったときに、これが三つ星と二つ星の違いなんだなって、明確に見えた。美味しかったかと言えば、正直に言って、味付けは私の嗜好とは違いました。サービスも、それほど飛び抜けて素晴らしいという感じではなかった。では何が違うのかと言えば、料理の洗練度が半端じゃなかった。ソースのきめ細かさも、ムースの口溶けもほんとうに素晴らしかった。口に入れた瞬間にふわっと消えるんです。肉や魚の火入れも完璧だった。これだなと思いました。好き嫌いとか、単純な旨い不味いは、人によって違う。ワインにしても、安くて美味しいワインってありますよね。ワインの価値は、美味しいか不味いかだけで決まるわけではないんです。それはワインの洗練度、余韻の長さだったり、香りの複雑さだったり、あるいは熟成後の可能性だったりを総合的に判断して、価値を判断しているからワインの価格が決められるわけです。ミシュランの三つ星の付け方もそれと似た構造がある。普通は美味しさという指標を意識してしまいがちだけれど、かならずしもそこに判断基準があるわけじゃない。そういう料理を作れば、三つ星はかならず取れると信じてました」

こういう冷静な分析も、いかにも肇らしい。三つ星が夢だったとか、ミシュランが憧れだったというような話ではまったくない。

もちろんそうは言っても、彼も人の子だ。

その10月13日の朝に電話があって、三つ星を取ったとわかったときには、陽子と二人で手を取って泣いた。盟友であり『Hajime』で使うすべてのパンを焼いてくれている岩永には、わざわざ訪問して感謝の気持ちを込めたプレゼントを渡した。岩永は箱を開けて膝から崩れ落ちそうになったと言う。箱の中には、バカラのクリスタルの星が一つ入っていた。

そして記者発表の会場で、一緒に三つ星を取った京都の料理界の大御所たちと赤い絨毯の上に立って、晴れがましい気持ちを味わったのも事実だ。

けれど、そのお祭り騒ぎの中で、心が不思議なほど静まり返っていくのを感じていたのもまた紛れもない事実だった。これからやらなければいけないことが、次から次へと頭に浮かんできた。それはあまりにも膨大で、浮かれている気分にはとてもなれなかった。

自分が目指す世界はまだ遥か先にあった。三つ星は通過点に過ぎない。

そして、明日になれば何が起きるかはだいたい想像がついた。

ただ一つだけ、心の底から嬉しかったことがある。肇がスタッフに三つ星が取れたことを伝えたときのことだ。

彼らの目から大量の涙がこぼれたことではなく、肇の心を静かに震わせたのは、彼らが顔をくしゃくしゃにして嗚咽《おえつ》しながら言ったことだった。

「ありがとうございます」

彼らはそう言ったのだ。おめでとうございますとは、誰も言わなかった。人ごとだと思っているスタッフは一人もいなかった。自分が三つ星を取ったつもりでいるのだろうか。

けれど、それがやはり何よりジーンと感動した。嬉しかった。

いや、それでいいのだ。三つ星は店につけられるものなのだから。

やらなければならないことはまだ山のようにあったけれど、少なくとも、自分たちは一つのチームだった。つまり自分がやりたかったのは、こういうことだったのだと肇は思った。

翌日、店を開けるとすでに行列ができていた。

１００人以上の人が並んでいた。その日から、『Hajime』は予約の取れない店になった。

予約は恒常的に2ヶ月先まで満席だ。キャンセル待ちのウエイティングリストも２００人を超えている。その状況が、2年以上経った今も続いている。

理由は明確だ。

米田肇の料理が、人の心を揺さぶり続けているからだ。

第十章　人が生きて食べることの意味。

2012年の4月末、こういうメールが届いた。


その後いかがですか？

明日から一営業化に向けての休みを取る週に入ります。

そんなにもがらりとは変わらないのに、細かいマイナーチェンジが山積みで大変です。

それから、店名を現在の『Hajime RESTAURANT GASTRONOMIQUE OSAKA JAPON』から『HAJIME』のみに変えます。

お店の入り口のロゴもＨＡＪＩＭＥという店名と、私の名前だけ記すことにしました。

米田肇

やはり彼は本気なのだ、と思った。

一日一営業の話は、２０１０年に彼に初めて会ったときから聞いていた。ランチをやめ、ディナーだけの営業に一本化する。料金も引き上げる。倍近い料金になるだろう、と。

その話を聞いたとき、ちょっと感動したことを憶えている。

料金を変えるということは、料理を変えるということだ。

新しい料理を一つ考えるにもあんなに苦しんでいるのに、そして朝早くから深夜までほとんど休みなく働き続けるような毎日を送っているというのに。『Hajime』には一つのコース料理しかない。その価格を倍にするのだ。逃げ道はどこにもなかった。

「不安がまったくないと言ったら、それは嘘になるけれど、やらなきゃいけないことなんです。三つ星は頂いたけれど、自分の料理がこれでいいなんて思ったことは一度もない。自分がやりたいことの2割も実現できてない。ランチとディナーの両方を出している今の状態では、自分がほんとうにやりたいことをやるための時間が決定的に足りないんです。時間が足りないから、新しい発想がなかなか浮かばない。浮かばないから、時間が足りなくなる。この悪循環を断ち切るためにも、もっと勉強しなればいけないし、もっと考える時間が欲しい。それは私だけでなく、店の他のスタッフにとっても同じことです。彼らがもっと成長するためにも、学ぶ時間が必要です。その時間を作るには、一日一営業にするしかないというのが私の結論なんです」

開業して4年しか経っていないのに、店は常に2ヶ月先まで昼も夜も満席だというのに、彼は安定を捨て、変化しようとしていた。

自分が目指す世界はもっと先にある。そう言う人は少なくない。けれど、彼ほど真剣に言う人を僕は知らない。あれだけ完成度の高い料理をかなぐり捨て、さらに先へと進もうとしていた。

今のあの料理で2割しかできていないというなら、4割5割と完成度を高めていったとき彼の料理はいったいどう変わっていくのか。

それは、なんとしても見届けたいと思う。

しかも、彼が変えようとしているのは、それだけではなかった。

彼は店名を変えると言ってきた。

Hajimeの後についたRESTAURANT GASTRONOMIQUE OSAKA JAPONをすべて取り払って、何もつかない『HAJIME』だけにするという。

些細な変更のようだけれど、それをわざわざメールで伝えてきたのには意味があった。

そのことを彼が考えるようになった最初のきっかけは、2008年冬の例のフランスでの再修業だった。その『Sa.Qua.Na』というレストランのシェフ、アレクサンドル・ブルダスは洞爺湖の『ミシェル・ブラス』のシェフだった人だ。肇が北海道へ渡る前にフランスに帰っていたので一緒に働いたことはないが、つまり肇の先輩にあたる。修業ということだけでなく、同じ『ミシェル・ブラス』出身の料理人が、その影響を自分の料理にどう生かしているかという興味もあったに違いない。

アレックスも同じことを考えたに違いない。米田肇が大阪の店でどんな料理を出しているのか知りたがった。肇はパソコンを借りて、ネットに上がっていた自分の料理の写真を見せた。

その写真を見て、アレックスがポツリと言った。

「ブラスっぽいね」

カチンと来た。

「どこが？」

「この卵を使ったアペリティフとか、この野菜の料理とか」

「味はぜんぜん違うよ」

「他の人はそう思わないんじゃないかな」

「私が三日三晩徹夜して、寝ないで考えた料理だ」

「でも、似てるよ」

「アレックスの料理こそ、ミシェルの匂いがぷんぷんする」

完全に頭に血が上っていた。

お互いに激しい言葉をぶつけ合い、和解することなく、肇はアレックスの店を飛び出した。

その最後の最後に、アレックスは決定的な言葉を肇に投げつけた。そういう状況になっていなければ、決して口にすることはなかったろう。

アレックスは、こう言ったのだ。

「ハジメの料理はミシェルのコピーだ。しょせん日本人に、本物のフランス料理は作れないよ」

腹が立って仕方がなかったから、ホテルに帰ってアレックスがサインしてくれた『Sa.Qua.Na』のメニューをゴミ箱に叩き込み、そのまま帰国した。

肇は痛いところを突かれたのだった。

「ものすごく頭に来て、腹が立って、そのときはよくわからなかったんだけど、今から思えば彼の言う通りだったんです。アレックスは、お前には根源がないと言ってたんです。根源というのは、その人の根っ子でありバックボーンです。たとえばミシェル・ブラスのバックボーンは、彼がお母さんから受け継いだ料理やライヨールの自然です。母親の料理に感動した少年時代の記憶や、オーブラック地方の自然の美しさから受けたインスピレーションが彼の料理の源になっている。私がシェフになって、新しい料理を考えるようになって気づいたのは、自分には彼のような根源がないということでした。なぜならそれはフランス料理だから。私の母親は料理の上手な人で、母の料理にはいつも感動していたし、それが料理の道を歩むようになった理由の一つであることは間違いないけれど、カニクリームコロッケや青菜のおひたしの美味しさを今の私の料理に反映させたら、それはフランス料理とは違うものになってしまう。自分の根源がないから新しい料理が作れない。それで、フランスの料理書や文献に向かい合うしかなかったんです。もちろん単にお客さんが美味しいという料理を作るだけなら、それでいいでしょう。けれど、ミシェルのようにしっかりした自分の根源を持っている世界の三つ星シェフに、ただ単に美味しい料理を作っていますという人間が勝てるのか。そのことでずっと悩んでいたんです。それで、フランスに戻った。そしたら、私が溺れそうになりながら必死につかんでいる最後の1本の藁みたいなミシェルを、なんでお前そんなものつかんでるんだと言われてしまったわけです。『つかんでなんかいない、これは自分がいちばん最初から持ってたものだ』なんて、言い返したけれど、アレックスからすれば『お前自分で泳げよ』って話ですよね。自分の料理を作れって、背中を押してくれていたんです。私にはそれがずっとわからなかった。ただ腹を立ててフランスから帰ってきて、アレックスは何もわかってないって思い込んでいた。

厳しい言い方をすれば、三つ星を取りたかったのは、自己顕示欲です。自分のやってきたことに評価をしてほしかった。自分はここまでできるんだよと。それから信頼してくれたスタッフに、私が間違っていないことを見せたかった。でも、正直に自分の心を覗いてみると、嘘をついているような感じがずっとあったんです。人のものを作ってるような感じがずっとしていた。フランス料理の文献を読んで、その通りに作った料理は一つもないけれど、それを自分のインスピレーションの源にしていた以上、どうしてもその感覚が拭い切れなかった。でも、それをしなければ、新しい料理は作れなかった。それはどうしてかと言うと、お客さんが怖かったからです。お客さんが喜んでくれないってことが怖かった。自分の料理を作って、それは違うって言われたらどこにも逃げ場はありません。だから料理の文献だったり、フランスの文化とかに頼っていた。でも、それはお前のものじゃないだろうって、アレックスに言われたわけです。確かにその通りなんだけど、それを認めたら、自分には何の拠り所もなくなってしまう。それが怖くて、アレックスの言うことに耳を塞いでいたんです」

アレックスの店を飛び出したときから、肇はずっと引き裂かれて生きてきたのだと思う。

フランス料理を学んでいたとき、フランス料理は彼のアイデンティティそのものだった。けれどシェフになり自分がフランス料理を創造する側に立ったとき、あんなに堅固だったはずのアイデンティティが大きく揺らぎ始めた。どんなに頑張ろうと、自分の母国がフランスになることはないのだ。

「なぜ日本人である自分が、フランス料理を作っているのだろう」

実を言えば、初めて会った日、彼は僕にそう言っていた。フランス料理で三つ星を取ったシェフが、そんなことを言うことに強い違和感を覚えながら、同時に深く共感したことを思い出す。

彼はフランス料理に憧れて、フランス料理の修業を積み、フランス料理の料理人になった。そしてフランス料理界の頂点ともいうべき、ミシュランの三つ星まで獲得した。現代フランス料理界の最先端を疾走している彼が、今さら何を言い出すのだろう。フランス料理で三つ星を取った日本人は、今のところこの地球上にたった2人しか存在しないのだ。

けれど、だからこそ肇は日本人である自分がフランス料理を作ることに、疑問を感じるようになったのだとも言える。彼のような料理人にとって三つ星はゴールではなく、スタートラインでしかない。重要なのは過去にどんな料理を作ったかではなく、これからどんな料理を作るかなのだ。彼が作る料理は、否応なく世界中のフランス料理人の注目を集めるようになるだろう。それが本当の意味で新しくて、意味のある料理なら。つまりブリア=サヴァランが『美味礼讃』の中で「新しい御馳走の発見は人類の幸福にとって天体の発見以上のものである」と表現したような「新しい御馳走」であるなら、それは将来のフランス料理の流れにさえ大きな影響を与えるかもしれない。いや、そうなって初めて彼は、自分が三つ星を取ったことを本当の意味で喜べるのだ。

ジャン=リュック・ナレが「この歳で三つ星を取るということは、あなたがポール・ボキューズでありジョエル・ロブションになるということなのですよ」と言ったのは、つまりそういう意味だろう。三つ星が彼を優れた存在にするのではなく、彼の存在がこれからの三つ星の価値を決めるのだ。肇がどれほど大きな重圧を感じているかは想像するに余りある。彼がフランス人なら、どんな料理を作ろうとそれはフランス料理になる。早い話がたとえ鮨を握ったとしても、それはフランス料理になるかもしれない。けれど彼は日本人だ。フランス料理とは何かという、おそらくは誰にも答えられない問題の答えを考え続けながら、料理をしなければならないのだ。料理が革新的になればなるほど、そうなるだろう。目隠しをして、高速道路を運転しているような気持ちと言ったら言いすぎだろうか。

その重圧は、料理を食べたり批評したりするだけの我々には、本当の意味では理解できないものだと思う。フランス料理を作る意味について彼が深く考えるようになったのは、そういう意味では、ごく自然な成り行きだったわけだ。

日本人としてフランス料理を作ることへの疑問を語った後、肇は千利休と茶の湯の話をした。

そしてその頃から、料亭や懐石料理店に通うようになった。彼が京都の『未在《みざい》』を初めて訪ねたときのことは忘れられない。冷静な肇が、そのときは顔色を変えていた。『未在』の石原仁司の一点の瑕疵《かし》もない完璧な料理に、心を奪われていたのだ。もし自分が料理を始めた26歳に戻れるなら、今度はフランス料理ではなく懐石料理を学ぶかもしれないとさえ言った。

僕は肇を祝福した。彼はついにミシェル・ブラスにとってのライヨールの自然のような、バックボーンを探し当てたのかもしれないと思った。

けれど生真面目な彼は、1ヶ月後にはその言葉を取り消した。やはり自分は、過去に戻ったとしても日本料理への道は進まないだろうというのだ。それは昂奮が醒めたのではなく、茶の湯あるいは千利休というものに対する、自分の思いを深く掘り下げた結論だった。簡単に言えば、利休は肇にとって、フランスが異文化であるよりもある意味では遠い存在だということに気づいたのだ。

日本的なものを表現するときに、茶道の文化を持ち出すのは日本人の定石のようなものだが、肇はそこに違和感を覚えたのだ。茶の湯は確かに、恐ろしく洗練された日本文化の精髄だ。けれどももしそれを自分のバックボーンにしたら、新しい料理を作るのにまた本を読まなければならなくなる。フランス料理の本が、茶道の本に変わるだけのことだ。そして何よりも茶道は、尊ぶべき日本文化ではあっても、肇自身が表現したいものではなかった。それは肇だけでなく、多くの若い日本人にとっての偽らざる気持ちだろう。肇は迷い続けた。自分の根源、これから自分が創造すべき料理のバックボーンとなる土台を探し続けた。

そして、辿り着いた答えが、冒頭のメールだった。

「店名を現在の『Hajime RESTAURANT GASTRONOMIQUE OSAKA JAPON』から『HAJIME』のみに変えます」

なんでもないことのようだけれど、彼にとってはとても大きな決断だった。

Restaurant も Gastronomique もフランス語だ。この2つのフランス語を店の名から外すことで、肇はフランス料理と決別することを宣言したのだ。それは少年時代からの夢であり、サラリーマンを辞めてまで飛び込んだ世界だ。筆舌に尽くせぬ苦労をして身につけたものと、袂《たもと》を分かとうというのだ。

「それはお前のものじゃないだろうってアレックスに言われたときからずっと、心の底ではわかっていたのかもしれません。だから、あんなに彼に腹を立てたんだと思う。私は遅かれ早かれフランス料理と決別しなければいけなかったんです。けれど、その踏ん切りがずっとつかなかった。あんなに一所懸命に取り組んだ世界を、捨ててしまっていいのだろうか。いや、そんなことが自分にできるわけがないって、ずっと思ってたんです。私が苦しんでいたのは、そのせいだった。ある日、『十牛図』と出会って、そのことを理解しました。『十牛図』というのは、悟りに至るまでの道のりを、牛を探すことに喩えて描いた10枚の禅宗の絵です。この『十牛図』の面白いのは、前半は確かに牛を探しに出かけて、見つけて、捕まえて、連れて帰ってくるところを描いているんだけど、連れて帰ってきたら、もう牛のことは忘れちゃうんです。だから『十牛図』と言いながら、後半は牛が出てこない。どういうことかと言えば、悟りを開いたら、その悟りのことは忘れてしまいなさいということなんですね。それで、はっと気づいたんです。私も、フランス料理のことは忘れていいんだって。いや、忘れなきゃいけない。悟りを開くために、禅宗のお坊さんは命を懸けて修行をする。でも悟りを開いたら、今度はそれを捨ててしまわなければいけない。悟ったということに囚われていたら、そこから先へ進めなくなる。私も同じです。必死でフランス料理の修業をしたけれど、それで三つ星を取ったからって、そのフランス料理にこだわっていたら、その先の展開はない。先へ進むために、私はフランス料理を捨てなきゃいけない。じゃあフランス料理を捨てたとき、自分に何が残るか。そもそも自分とは何だろうって考え続けて、最終的に私は私だというところに戻ったんです。私は私だから、利休に対峙できるようになった、ミシェルに対峙できるようになった。日本人としての自分のバックボーンを探して、利休に出会ったとき、私は素直にその利休の確立した茶の湯の道に踏み込めなかったんです。それをやったら、自分が自分でなくなる気がしたから。懐石料理は茶道が生んだ、世界でも最高のもてなし料理の一つだと思います。だけど、それは私のやりたいことではなかった。

それなら日本人としての自分のアイデンティティをどうやって表現するか、それを考えていて、ふと思ったのは、もし私が利休と同じ時代に生きていたらどうしたかということでした。同じアーティストとして、利休とは違うことをやろうとしたと思うんです。それでいこうと思いました。今ここに筍があったら、利休はどう使うか、ミシェルはどう使うか、私はどう使うか、それでいいんだって思えるようになった。自分が子供の頃、蝶やバッタを捕まえてその美しさに心を打たれた、あの感動で料理を作ればいいんだって。そう思えたから、もうフランス料理という看板は外そうと決めたんです。そうして、ようやくかけねなしの、自分の料理が作れるようになったんです」

２０１２年５月12日、開業からちょうど４年目のその日に、肇はついに一日一営業化に踏み切った。そしてメールに書いてあったように、エントランスに控えめに書かれた店名から、フランス料理を連想させるものを綺麗さっぱり外した。

営業は水曜日から日曜日までの週５日。水曜から土曜までは夜のみ、日曜日は昼のみの営業だ。供されるのが、最初から最後まですべて肇が考えた１種類のコース料理のみなのは以前と変わらないけれど、内容はがらりと変わった。

何が変わったかというと……。

それをここに書くのは、これから『HAJIME』を訪ねようとしている人に、映画の結末を教えるようなものだろう。書きたいのは山々なのだけれど、ここまで読んでいただいたあなたには、どうしても先入観のない真っ白な心で、あの驚くべき皿に対面していただきたいから、それは控えさせていただく。どうしても知りたければネットで検索して、と言いたいところだけれど、おそらくいくら探しても見つからないはずだ。その場に行かなければ、見ることも、聴くことも、嗅ぐことも、触れることも、そしてもちろん食べることもできないものにすべく、肇がいくつかの方策を講じたからだ。それは現在の地球上で、最も厚いヴェールに包まれた料理といえるかもしれない。

ここに書けることは、その料理の内容は、大きく変わったけれど、大切なことは何一つ変わっていないということくらいだろうか。米田肇という料理人が今まで追求し続けてきたこと、フランス料理に憧れてフランスに渡り、料理とは何かを考え、食べるということの意味をどこまでも掘り下げていくうちに、ついには宇宙の始まり、ビッグバンにまで遡ってしまった（彼の最初の料理のイメージはビッグバンだった）彼の料理の、それは第二幕だ。第二幕ということは、第三幕も第四幕もあるということだ。筆者の見るところでは、現時点で肇は少なくとも第三幕までの構想は温めているようだ。

最後の最後に、正直に告白すれば、僕はまだその料理を食べていない。

この原稿をすべて書き終えてから（つまり、それはあと数分ということだけれど）、食べに行くことにしている。だから、第二幕の料理について今書いたことは、肇からの伝聞でしかない。だからそれが彼の言う通りかどうかは、筆者としては保証の限りではない。

それを確かめることを含めて、『HAJIME』の料理の第二幕を楽しんでいただきたい。

蛇足を言えば、ただその第二幕の料理のイメージをつかむために、彼が用意した一枚の皿を見せてもらった。その皿が運ばれてきたときの感想を書くことくらいは、許されるだろう。

僕はそれを見て思わず、涙をこぼしそうになった。

○

「実はその1年前、2011年の春には一営業化に踏み切るつもりで準備していたんです。その矢先に、あの震災が起きた。衝撃でした。それからの1年は、いろんな考えが心に湧いてきて悶々としていました。自分は高級料理なんてやってていいんだろうかって、かなり真剣に悩みもしました。けれどあるとき友人のシェフに誘われて、被災地の方たちに私たちの作った料理を食べてもらうというプロジェクトに参加したんです。向こうで料理を作ったんですが、それがとてもいい経験になりました。皆さんが、ほんとうに美味しそうに食べてくださるんです。その嬉しそうな顔が、今も忘れられない。『こんな美味しい料理が食べられて、生きててよかった』って言ってくださった。その言葉と笑顔に背中を押されて、もう一回やってみようと思ったんです。食べるということが、これほど人に勇気と元気を与えるなら、その食べるということを私なりにもっと追求してみようと。

そういうことがあって、ふと思ったことがある。自分の最後の晩餐は、納豆ご飯に、ちりめんじゃこ、大根おろしだと、ずっと思ってた。けれど、それは甘いってことに気づいたんです。最後に晩餐ができるんであれば、自分の料理が食べたい。そうなれるように、そう思えるようになるように、自分は日々料理を作っていかなきゃいけないと。お前が世界でいちばんになると決めたんだったら、お前の料理を最後の料理にしたいと思えるような料理を作らなきゃいけないって。

その料理のことをいつも考えてます。寝ているときもずっと考えている。だから寝ていても、すぐに目が醒めてしまうんです」

「料理とは自然を文化に変形する普遍的手段だ」と言ったのは、20世紀を代表するフランスの人類学者、クロード・レヴィ=ストロースだ。

言語を持たない民族がいないように、料理をしない民族もいない。ヒトという種にとって、料理をすることは、話したり道具を作ったりするのと同じくらい本質的な行動だ。焼く、蒸す、煮る、炒める、揚げる、あるいは燻したり、発酵させたり……。人間は様々な手段と方法を駆使して、動物の肉、海産物、植物の葉、実、茎や根など、様々な自然の産物を加工する。

料理は文化そのものだ。というより、そもそも人類の文化は料理からのアナロジーとして生まれたと言うべきかもしれない。

野生動物は目覚めて活動している時間の大半を、食べるという行為に費やす。たとえば野生のチンパンジーは一日に6時間以上も食物を嚙んでいるという観察結果がある。チンパンジーが主食にする森の果実は一般に小さくて硬い。長時間咀嚼しなければ消化できないのだ。果実だけでなく、動物の肉や植物の葉、穀物など他の食物でも同じことだ。生の肉や穀物を、食べて消化するには長い時間がかかる。ところが調理された食物は、肉であれ穀物であれ、圧倒的に柔らかく消化しやすくなる。人間の子供の観察では、食物を食べるのに費やす時間は一日の合計で1時間程度。チンパンジーの6分の1だ。これは料理されたものを食べているからで、その余った時間を他の活動に向けることができるようになった。食べることから解放されて、人は文化を発達させたというわけだ。

太古の人類が、時間が余ったからといって、いきなり星を観察したり、絵を描き始めたりしたはずはない。余った時間もやはり食べることに費やされたのだろう。ただし、単に噛んでいるだけよりはずっと創造的な行為に。たとえばより遠くまで食物を手に入れに出かけたり、あるいは生では食べられない草の種を茹でて食べられるようにしたり……。

その営みの延長線上に人間の文化はある。農耕も牧畜も、あるいは国家という装置も、さらにはフランス料理も日本料理も。すべては、生のまま食べるのではなく、料理をしてから食べるという、人間のユニークな行動から生まれた。

そういう意味で、人は料理をするサルなのだ。

数十万年にわたって人は料理をしながら進化を遂げてきた、その目眩のするほど膨大な時間の流れから考えれば、フランス料理とか日本料理などという区別はほんとうに些細なものでしかないのかもしれない。

ちっぽけな枠組みにこだわるのではなく、その永遠にも近い時の流れに我が身を投じようと米田肇は決めたのだ。石を割って鏃《やじり》を作り、獣を狩り、肉を切り、焼いて食べるという人の営みの延長線上にあるものとしての料理を進化させること、人が生きて食べるということの意味を考え続けることが、彼の仕事なのだ。

そしていつか、世界一の料理を作る。

それが今の彼の夢だ。

それは何十万年も続いてきた、人類の料理の歴史の頂点に立つということでもある。

そんな馬鹿みたいに大きな夢を抱いたシェフが、厨房の奥で今日も夢中で料理を作っている。

そういう店が、この世界の片隅にはある。

と、思い出すたびに、僕は少し幸せな気分になる。

どんなレストランかと聞かれたら、まずそう答えることにしている。

『それから君たち、すでに豊富のうちにたんのうし、新しい調理法の出現を待っている、千八百二十五年の美味学者たちよ。君たちももろもろの科学が一九〇〇年のために用意しているさまざまな発見を味わいはしないだろう！　たとえば鉱物性の珍味、いろいろな空気を圧搾して作り出すリキュール、それからまだこの世に生まれ出ない旅人たちが、まだ発見もされていず開拓もされていない、残りの半球から運んでくる未発見の食物を味わいはしないだろう！

おお、かわいそうな人たちよ！』

（『美味礼讃』岩波文庫　ブリア－サヴァラン著　関根秀雄・戸部松実訳）

文中の『美味礼讃』からの訳はすべて、同書による。

文庫版あとがき

おとぎ話は「めでたしめでたし」で終われるけれど、現実の人生はそうはいかない。人が生きてこの世にある限り、物語は否応なしに続いていく。

あとがきにかえて、その後の『HAJIME』の物語をもう少しだけ続けることにしよう。

「2012年の5月末にメニューを一新して、7月からお客さんが減り始めたんです。半分しか席が埋まらなくなった。価格が倍近くになったわけで、最初からそんなに簡単に理解されるとは思ってないから驚きはしなかったけど、だんだんそんなことも言っていられなくなる。悪いときには、いろんなことが重なって起きるんですよね」

その時期のことを、米田肇は淡々と話す。

「価格が上がるということは、それだけお客さんを感動させなきゃいけない。だけど、それまでが全力疾走だったわけだから、越えるのは大変です。そのプレッシャーで、新しい料理を考えるのがものすごい苦痛になった。夜寝るときは、毎晩のようにこのまま心臓が止まれば楽なのにって思ってた。新しいアイデアが何も浮かばなくなって、本気で死ぬことを考えたこともありました」

僕はその時期の彼の料理を何度も食べている。彼がそんなに苦しんでいるとは、夢にも思わなかった。フランス料理の看板をおろした彼の料理は、より自由に大胆に、そしてインスピレーションに満ちあふれたものになっていた。幸せそうに笑っている赤ん坊を見て、母親の産みの苦しみに思いを馳せることがないように、彼の料理を食べながら、僕はただただこの宇宙に生まれた喜びを味わっていた。彼が焼いた羊の肉を最初に食べたときと同じように、自分は今この瞬間、間違いなく世界で最高の料理を食べているのだと直感していた。

本心を言えば、僕はレストランや料理に星をつけたり、採点をしたりするのはナンセンスだと思っている。それは厳密に計測することのできない価値に、星の数だの点数だのをつけることで、あたかも客観的な評価を下しているかのように錯覚させる行為だからだ。

ただ、この混沌とした世界において、それはまったくの無用の長物というわけではない。他人のモノサシであることを理解する大人なら、それを判断の有効な目安にすることとはできる。あくまでもそういう前提での話だけれど、『Hajime』が三つ星だと言うなら、この新しい『HAJIME』には（もしもそんなものがあればの話だけれど）4つ以上の星を与えなければならない。

僕は心からそう思っていた。

ところが、その秋のミシュランが『HAJIME』につけた星は二つだけだった。

価格が倍になったタイミングで、ミシュランの星が一つ減ったのだ。客の減少に拍車がかかったのは、仕方のないことかもしれない。

「翌年の3月くらいまではひどかったです。お客さんが一人も入らなかった夜もありました。メニューを変える前は、一日に400本も予約の電話がかかって来て、電話担当の子が受話器を取るなり『もう6時間も電話かけてるのよ』って、お客さんにいきなり怒られてノイローゼになってたりしたのに。店の開業当初に逆戻りです。毎月、かなりの額の赤字が出るようになって。まあそれは、原価率が上がりすぎていたからでもあるんですが。ああ、世の中は顕著だなあと思いました。そういう時期だったんですよね、この本が出たのは」

この本というのは、つまり読者が今手にしているこの本の単行本版で、僕はその本に『三つ星レストランの作り方』という題名をつけていた。それはほんとうに奇妙なくらい絶妙のタイミングで、書店の棚に並んだとき、『HAJIME』はすでに三つ星ではなくなっていた。

ミシュランは毎年星の数を改めているわけで、だから評価が下がる可能性がゼロではないことは理解していた。にもかかわらず、その微妙な時期に、そんなタイトルの本を出版してしまった責任はすべて僕にある。だからこれは言い訳でしかないのだけれど、『HAJIME』になってからの彼の料理を食べて、そんな可能性を予見できた人がいたとはとても思えない。

とはいえ、それはどこまでも他人のモノサシだ。ミシュランがどんな評価をしようとも、それは彼らの問題でしかない。

そして、この話で重要なのは、その後の『HAJIME』がどうなったかということだ。

「ミシュランが出てすぐに、何人かの料理人の方から連絡を頂きました。日本を代表するような先輩達です。お手紙を書いてくださった方もいるし、直接お電話をくださった方もいます。慰められたんじゃなくて、あなたのやっていることは間違っていないんだから、ここでブレてはいけないと言われました。周囲の声に惑わされずに、自分の道を進んでくださいと。それは、ほんとに嬉しかったですね。スタッフたちとも、自分たちのやろうとしていることは、必ず理解される日が来るから、またたくさんお客様がいらしたときのために、しっかり準備しておこうという話をしてました。そしたら、それがほんとうになった」

フランス料理の看板を外して1年が過ぎた頃から、『HAJIME』の予約受付担当者の仕事がふたたび忙しくなり始める。彼の新しい料理が、ようやく理解されはじめたということだろう。電話も増えたけれど、それ以上に増えたのがインターネットによる海外からの予約だった。

「海外の雑誌のシェフのランキングに入るようになったんです。イギリスのレストランマガジン誌のアジア50とか、フランスのル・シェフ誌の世界の100人のシェフとか。それにつれて、海外からのお客さんが増えた。いちばん多いのは香港、シンガポール、それからニューヨーク、イギリス、オーストラリアという感じで、今では予約の8割から9割が海外からです。おかげでランチをやっていた時代を抜いて、売り上げが過去最高を記録するようになった」

かくして『HAJIME』は、ふたたび予約の取れないレストランになりつつある。他のどこへ行っても食べられない、とびきり美味しい料理がそこにあることが、世界中に広まったのだ。

今度こそようやくひと安心と言いたいところだけれど、何もかもが上手く行くようになると、ひっくり返したくなるのは彼の特性でもあるようだ。

「子どもの頃、砂場で山を作って遊びませんでした？　ある程度の高さになると、それ以上砂を積んでも砂が崩れて山が高くならなくなる。そういう時は、高くなった砂山の頂きを一度平らにすり潰して裾野を広げるしかない。そうするとさらに高く砂を積み上げられるようになる。人生も同じだと思うんです。もっと大きく成長するために、山の頂は潰さなきゃいけない。来年はオープンしてちょうど10年になるから、『HAJIME』もそろそろ次の新しいことを始めようって話しているんです。ガストロノミーの可能性を広げることなら、レストランにこだわる必要はないかもしれない。ものすごく美味しい宇宙食を作るとか、コンピュータに味を入力する方法を研究するとか。もちろん、最初から上手く行くなんて思ってないけれど……」

おとぎ話は「めでたしめでたし」で終われるけれど、現実の人生はそうはいかないのだ。

彼の（破天荒な）人生は、これからも続いていく。

ガストロノミーの道を奥深く分け入った彼が、これからどんな高みに達するか。

それを見届けることが、僕のライフワークになりつつある。

彼の人生の物語を書くことを、最初に勧めてくれた黒笹慈幾さん、その物語を単行本として上梓する手助けをしてくれた小学館の桂浩司さん、そしてこのように素敵な文庫本としてふたたび世に送り出してくれた幻冬舎の茅原秀行さんに、深く感謝します。

いつも要領を得ない長々としたインタビューに辛抱強くつきあって頂いている米田肇《ぜん》さんと、彼のかけがえのない宝物、陽子さんと千君にも、心からの感謝を込めて。

2017年2月　石川拓治

解　説——米田さんの料理と私のロボット研究

石黒浩

　私と米田さんが出会ったのは、私がワインショップの一角にアンドロイドを展示して、人々の反応を見る実験をしていたときだった。ワインショップのオーナーから「米田さんという先生のファンのシェフがいるから、もし良かったらアンドロイドを見せてあげてください」と言われた。無論アンドロイドを展示しているところに来てもらうのなら何の問題も無く、快く引き受け、どんな人が来るのだろうと思って待っていると、意外にも研究者の様な印象を持った人が現れた。それ以来いろいろ話すようになって、レストランにも何度もお邪魔するようになった。話をして、その料理をいただいて思うことは、私と米田さんの間にはいろいろな共通点があるということである。

私が何より米田さんについて驚いたのは、その料理人になる過程と才能である。私が料理に関して、今ひとつ興味を持ち切れず、何か物足りなさを感じていたものを、米田さんとその米田さんが作る料理は全て持っているように思え、それ以来、米田さんの料理のファンになった。私自身何かのファンになることはかなり少ないのだが、その少ない一つが米田さんの料理である。

正直、米田さんの料理に出会うまでは、料理に対する興味はそれほど強く無かった。おそらくは、普通の人よりは興味を持っていたのかもしれないが、私の身の周りの他の事と比べて、料理はそれほど特別なことでは無かった。

もちろん、好きな食べ物は何かと聞かれれば、幾つか答えられる。たとえば、カップヌードルだったり、プッチンプリンだったり。カップヌードルは世界を救う発明だと思う。味も悪くない。プッチンプリンは非常に完成度が高く大抵のプリンよりもおいしい。カップヌードルやプッチンプリンはレストランの料理と比べて、圧倒的に多数の人が何度も食べるもので、値段に対する味の良さを味のコストパフォーマンスとするなら、その味のコストパフォーマンスは料理人が作る料理よりも遥かに高い。食のテクノロジーの極みであると思う。

ただ、逆に言えば、私の食に対する興味とはこの程度のものだった。大抵のレストランの料理は何か極め尽くされた感じがしない。それ故、レストランの料理よりも、徹底して研究されたスーパーやコンビニの食品の方に興味があった。

ところが、米田さんの料理と出会って、これが極められた料理人の料理だと初めて実感した。私が料理そのものに対して、ある程度の興味しか持たなかったもう一つの理由は、自分でもかなり料理をすることにある。それなりの腕だと自分では思っているので、人が作った料理に対して感動することが少ない。しかし米田さんの料理は、自分では簡単に作れない全く別次元のものだった。

米田さんの料理でまず驚かされるのは、その美しさにある。出される料理そのものが芸術になっている。大抵のレストランでは、芸術として完成度を極めた盛り付けはされない。そしてそのような盛り付けに対して、大抵は素材の持ち味を生かすという理由が添えられている。しかし、本当に素材の持ち味を生かすなら、素材を芸術の力でさらに魅力的なものにすべきではないかと常に思っていた。だから、素材の持ち味を生かすという言い方は、何か極め尽くせない芸術表現に対する言い訳のように思えていた。

一方で、米田さんの料理は、言い訳なく完成された芸術になっている。米田さんが料理人になるまでの話を聞けば、その高い芸術性にも納得できる。もともと絵が得意で、フランスで料理の修業をしていたころには、絵を描いて売っていたという。実は私も研究者になる前は、かなり真剣に絵描きになろうと思っていた。それ故に、米田さんの料理の高い芸術性には感心させられる。

そして、それはまた見た目だけのものでは無い。一皿一皿にコンセプトがあり、そのコンセプトを明確に表現している。すなわち、料理が真の芸術になっているのである。たとえば、そのコンセプトは、「愛」「進化」「諸行無常」「魂」といったものである。人間にとって根源的な問題が料理のコンセプトになっていて、その料理を食べれば、なるほど、これが、たとえば「魂」なんだと、納得してしまう。

このコンセプトを大事にするという点においても、自分自身の研究と似ている。私のロボットの研究は、単にロボットを作るのではなく、存在感とは何か、対話とは何か、心とは何かという基本問題を解くためにロボットを開発している。料理においてコンセプトを表現し、食べる側はそのコンセプトを、料理を通じて理解するという、そんな料理は他に見たことがない。料理であってもそれは創造者の作品であり、創造者とはその作品を通じて、ものごとに対する新たな理解をもたらすことを使命とする者である。研究者も料理人もどちらもそのような創造者であるべきだと思う。

さらに、米田さんの料理はその説明を聞いてさらに驚かされる。こちらが想像しているよりも遥かに緻密に考え抜かれて食材や調理法が選ばれている。皿の上にある全ての食材の形、色、匂い、味、食感、音に、そのコンセプトを表現するための意味が与えられているのである。無論、お皿の選択にも十分な意味がある。ある意味、これほど複雑で調和がとれた芸術作品は見たことが無いかもしれない。たとえば、油絵であれば、絵の具による視覚的表現という一つの手段で表現する。それに比べ米田さんの料理は、視覚的表現に加え、味、匂い、触感、音という五感を通じて表現される芸術になっている。

無論、調理法は極められている。もともと理工学部出身の米田さんは、おそらくは料理をかなり科学的に理解し、曖昧さの無いテクニックで調理をしていると思う。料理人の中で理工学を背景に曖昧のないいわゆる完璧な調理ができる人はそうそういないと思う。逆にそうした、科学的に裏付けされた技法を持つが故に、複雑な芸術作品とも言える料理を作れるのだと思う。

再び自分の研究に視点を戻せば、ロボットもいわば複合的な芸術である。見かけ、動き、対話機能、人間の様々な感覚に働きかける様々な機能を統合して実現され、そのロボットを通して、我々は、人間にとって重要な概念に迫ろうとしている。そして、その統合は、単に技術の積み重ねでは成し得ない複雑なものも多く、時に芸術的センスが要求される。

その高い芸術性故に、米田さんの料理をいただくときは、五官だけでなく、脳がものすごく働く。食べるということは、おおむね本能に従った行為で、食欲を満たすためにあるのだが、米田さんの料理は優れた芸術を見たときの感動や、深い知識を感じたときの感動も同時に与えてくれる。食という本能に従った行為と知識や芸術が深く結びついているためなのか、芸術と知識が食事という行為の中で自分に自然に飛び込んでくる。食欲と知識欲、すなわち、体と脳の要求を同時に満たすこと、これこそがまさに人間の食事なのだろうと思う。

しばらく前に、あるレストランで大きめに切った野菜が大量に盛り付けられたサラダを食べていた。野菜が、一口で口に入るかどうかぎりぎりの大きさに切られているので、かなり一生懸命野菜を口に運ばないとうまく食べられない。そんな無我夢中で野菜を食べている最中に、ウェイターが、横から私の顔をのぞき込むようにして、「お食事中失礼します」と声をかけてきた。その瞬間、すごく恥ずかしいことをしているような気分になった。草食動物になって夢中で餌に貪りついている自分に気がついたのである。

飢える心配が無くなった今日、食事を貪るように食べるというのは、人間らしくないし、むしろ恥ずかしい。また、時間を無駄にしているようにさえ思える。そのような食事ならカップヌードルでいいのかもしれない。まだその方が技術の香りがする。しかし、本当に食事を楽しみたいなら、米田さんの料理のような総合芸術と向かい合うべきだと思う。そんな米田さんの料理は進化する人間の真の食事のあり方を示しているように思う。是非皆さんにも体験してもらいたい。

――ロボット工学者
大阪大学大学院基礎工学研究科教授
ATR石黒浩特別研究所客員所長

この作品は二〇一二年十一月小学館より刊行された
『三つ星レストランの作り方　嶋矢の天才シェフ・
米田肇の物語』を改題し加筆したものです。

幻冬舎文庫

●好評既刊
37日間漂流船長
あきらめたから、生きられた
石川拓治

明日になればなんとかなるはず。そのうち食料が尽き、水もなくなり、聴きつないだ演歌テープも止まった。たった独り、太平洋のど真ん中で37日間漂流し死にかけた漁師の身に起きた奇跡とは？

●好評既刊
奇跡のリンゴ
「絶対不可能」を覆した農家 木村秋則《あきのり》の記録
石川拓治

リンゴ栽培には農薬が不可欠。誰もが信じて疑わないその「真実」に挑んだ男がいた。「死ぬくらいなら、バカになればいい」。壮絶な孤独と絶望を乗り越え、男が辿り着いたもうひとつの「真実」。

●最新刊
スクールセクハラ
なぜ教師のわいせつ犯罪は繰り返されるのか
池谷孝司

相手が先生だから抵抗できなかった――一部の不心得者の問題ではない。学校だから起きる性犯罪の実態を10年以上にわたって取材してきたジャーナリストが浮き彫りにする執念のドキュメント。

●最新刊
聞かなかった聞かなかった
内館牧子

日本人は一体どれだけおかしくなったのか？　もはやこの国の人々は、〈終わった人〉と呼ばれてしまうのか――。日本人の心を取り戻す、言葉の処方箋。痛快エッセイ五十編。

●最新刊
医者が患者に教えない病気の真実
江田　証

胃がんは感染する!?　風呂に浸からない人はがんになりやすい!?　低体温の人は長生きする!?　内視鏡とアンチエイジングの第一人者が説く、今日からすぐ実践できる最先端の「健康長寿のヒント」。

幻冬舎文庫

●最新刊
ナオミとカナコ
奥田英朗

望まない職場で憂鬱な日々を送る直美。夫のDVに耐える専業主婦の加奈子。三十歳を目前にして、受け入れがたい現実に追いつめられた二人が下した究極の選択とは？　傑作犯罪サスペンス小説。

●最新刊
料理狂
木村俊介

1960年代から70年代にかけて異国で修業を積んだ料理人たちがいる。とてつもない量の手作業をこなし市場を開拓し、グルメ大国日本の礎を築いた彼らの肉声から浮き彫りになる仕事論とは。

●最新刊
危険な二人
見城　徹
松浦勝人

出版界と音楽界の危険なヒットメーカーが仕事やセックス、人生について語り尽くした「過激な人生のススメ」。その場しのぎを憎んで、正面突破すれば、仕事も人生もうまくいく！

●最新刊
竜の道　昇龍篇
白川　道

50億の金を3倍に増やした竜一と竜二。兄弟の狙いは、少年期の二人を地獄に陥れた巨大企業を叩き潰すこと。バブル期の札束と欲望渦巻く傑作復讐劇。著者絶筆作にして、極上エンターテイメント。

●最新刊
ゲームセットにはまだ早い
須賀しのぶ

仕事場でも家庭でも戦力外のはみ出し者たちが、ど田舎で働きながら共に野球をするはめに。彼らは人生の逆転ホームランを放つことができるのか。かっこ悪くて愛おしい、大人たちの物語。

幻冬舎文庫

●最新刊
子どもの才能を引き出すコーチング
菅原裕子

子どもの能力を高めるために必要なのは、その子の自発性を促してサポートする「コーチ」というあり方。多くの親子を救ってきた著者が、そのコーチング術を37の心得と共に伝授する。

●最新刊
人生を危険にさらせ!
須藤凜々花
堀内進之介

「将来の夢は哲学者」という異色のアイドルNMB48須藤凜々花が、政治社会学者・堀内先生と哲学ガチ授業!「アイドルとファンの食い違いについて」などのお題を、喜怒哀楽も激しく考え抜く。

●最新刊
増量　日本国憲法を口語訳してみたら
塚田　薫・著　長峯信彦・監修

「憲法を読んでみたいけど、意味わかんなそう!」という人に朗報。「上から目線」の憲法を思わず笑い転げそうになる口語訳にしてみた。知らないと国民として損することもあるから要注意!

●最新刊
ようこそ、バー・ピノッキオへ
はらだみずき

白髪の無口なマスターが営む「バー・ピノッキオ」に、連日、仕事や恋愛に悩む客がやってくる。人生に迷い疲れた彼らは、店での偶然の出会いによって「幸せな記憶」を呼び醒ましていくが……。

●最新刊
ちょっとそこまで旅してみよう
益田ミリ

金沢、京都、スカイツリーは母と2人旅。八丈島、萩はひとり旅。フィンランドは女友だち3人旅。昨日まで知らなかった世界を、今日のわたしは知っている——明日出かけたくなる旅エッセイ。

天才《てんさい》シェフの絶対《ぜったい》温度《おんど》

「HAJIME」米田肇《よねだはじめ》の物語《ものがたり》

石川拓治《いしかわたくじ》

平成29年4月15日　初版発行
令和4年10月20日　2版発行

発行人――石原正康
編集人――袖山満一子
発行所――株式会社幻冬舎
〒151-0051東京都渋谷区千駄ヶ谷4-9-7
電話　03(5411)6222(営業)
　　　03(5411)6211(編集)
公式HP　https://www.gentosha.co.jp/
印刷・製本―株式会社　光邦
装丁者――高橋雅之

幻冬舎文庫

ISBN978-4-344-42586-6　C0195　　い-40-3

この本に関するご意見・ご感想は、下記アンケートフォームからお寄せください。
https://www.gentosha.co.jp/e/